石川三四郎　魂の導師

大澤 正道

虹霓社

もくじ

Ⅰ　美しい死顔

Ⅱ　家を離れ、恋に破れる

Ⅲ　十字架と社会主義

＊本書は一九八七年十月にリブロポートより刊行された『石川三四郎―魂の導師―』（大原緑峯名義）に「新版あとがき」「解説」を加えて復刊したものです。著者の諒解を得て本文に年号などの加筆や誤記の訂正を行ったほか、一部を新字体に改めました。なお、底本掲載の「人名索引」は収録しておりません。

＊西暦表記の［　］は新版の編者、〔　〕や（　）は全て底本（著者）の注記です。

石川三四郎　魂の導師

I　美しい死顔

一生勉強おし

——十一月二十四日夜、いつもと変りなく、お勝手の食卓に出て皆の者と一緒に食事をいたしました。

「来月の今夜はクリスマスイヴだなあ、あのニワトリを殺すのか。しかし俺はいやだぞ。あゝそれまで俺が生きているかあぶないもんだ」「お父さまったら自分が死にっこないと分っているものだから、わざとあんなことをおっしゃる」「あたり前さ」など、大声で笑いあいました。

談たまたま田中正造翁の話になって、「田中正造翁は真実という事に対しては、そりゃあきびしいものだったよ」など、声を大きくして説き——九時半頃床についたのでございます。

パパは寝につくのがまた仲々大変でございました。自分の着ているもの全部をいちいちていねいにたたんで、足元におくもの、頭の方におくもの、それがちょっとでも狂うと気になるらしく、何回もたんねんに置き直すのでございます。

お宅でいただいた――父が最も好んだ――あの袖無しも、その夜父がたたみましたまま、今タンスに入っております。父に持たせようかと随分迷ったのでしたが、父が最後まで大事にしたものとして、私は惜しくて、タンスにしまってしまいました。その袖無しの上に、足袋をちゃんと片方を片方の中に入れて、コハゼまでかけて、重ねておいて寝るのでございます。

翌二十五日、日曜は冷い雨が降っておりました。朝八時半頃姪が、「おじいさんが変だからきて」――その声に驚いて、私は勝手から父の病室に飛び込みました。

枕をはずしてのけぞり、右眼をとじ、唇が少し左にひきつり、右鼻口からわずかに鼻水が尾をひいておりました。右手が左胸あたりでかすかにけいれんしていました。「パパしっかりして、パパ大丈夫?」パパは呼べども呼べども答えてくれません。「パパ、パパ大丈夫?」と、とりすがる私に、パパの唇が動きました。まことにかすかに「ダ・イ・ジョー・ブ」「ダイ・ジョー・ブ」「パパ大丈夫ね、パパしっかりしてね」十時半頃医者が手当をして帰りました。

十一時半頃からパパが「ヒサコ、ヒサコ」と呼びます。声は出ません。唇の動きだけでございます。初めのうち「ダイ・ジョーブ・アンシンオシ」と言っておりました。そのうち、「人を信じろ、人は自分の心、誠実に……」とか「勉強おし、一生勉強おし」と言うようになりました。それは一語一語その唇に力を、精根の努力をかけるのが恐ろしいようでございました。

「諸君によろしく、厄介になった。みなさんによろしく」をくりかえすようになりました。医者は眠らせればよいと言いましたので、私はパパの唇をおさえて「パパ眠ってね、眠らなければ駄目よ」。しかし話し続けました。

午後になりますと時々パパは深いねむりに入りました。と、驚いたように眼をあけて話しかけてきましたが、三時頃パパに水を一滴飲ませますと、「オイシイネエ」「ベンキョ」「みなさんによろしく……」そして、その語を最後にとうとう一昼夜眠り通して、まことに静かに息を絶ってしまいました。〈向井孝「〈石川三四郎小論〉ノート」『石川三四郎著作集1』月報7〉〈以下『石川三四郎著作集』は『著作集』と略す〉

石川三四郎の養女だった石川永子が、石川の没後まもなく、そのころ、姫路にいた向井孝にあてた手紙の一節である。

永子は、その後、石川の一周忌を期して、石川の愛用した号をそのまま採って、『不盡　一石川三四郎追悼号』という小冊子を、自分で編集し、共学社の名前で発行している。

この『不盡』にも、永子は石川の往生の模様を克明に書いているが、向井にあてたこの手紙の方が、簡潔で、真に迫っている。往生から時間があまりたっていなかったからでもあろう。「オイシイネエ」「ベンキョ」「みなさんによろしく」――石川が往生の間際に、この世に残したこれらのことばは、当り前のことかもしれぬが、石川ならではのものである。

石川は、人間のことばのうさんくささに、きわめて敏感なひとであった。

たとえば、『詩精神』という雑誌に寄せた「ことば」（『著作集4』）で、こんなふうに述べている。


詩はことばである。ことばは必ずしも詩ではない。ことばは詩のころもである。ころもなしには詩の姿は見えない。皮膚も眼鼻も眉も毛髪も一種のころもである。人間の詩はその中にひそんでゐる。

かつては、詩とことばとはひとつであった。聖書にみえる「始めにことばがあった」という場合のことばは、詩とひとつになったことばである。石川は、それを「原道」とも呼んでいる。

……ところが、アダムとイヴとが智慧の実を食つてエデンの園から追放せられてから「いつはり」といふ現象があらはれ、ことばは、神から離れて了つた。そして時代を経過するに従て、ことばはますます、単なる技巧にすぎなくなつて来た。

子どもは生れ落ちると、泣き、さけび、驚嘆の詩を表現する。パパ、ワワ、ママなどいふ赤子の発音は原初の言葉であり、神のことばであり、詩である。自我が割れてゐない。そのことばは、技巧ではない。

そして、このエッセイは次のように結ばれる。

鳥も獣も草も木も海も山も、おのおの自我そのものの言葉を以て詩を表現してゐる。人間の詩人だけが、自己の言葉を忘れてゐる。詩人も人間である以上、生きてゐる以上、ものに触れ、ことに当つて、詩を感じないわけではあるまい。たゞそれを表現する「ことば」がことごとく代用品ばかりである。われわれ全人類がわれわれ自身の「ことば」から離れて、ただ代用品でその日を送つてゐるのである。

昭和二十四［一九四九］年九月に発表された、このエッセイは、一七〇〇字ほどの短文だが、なかなかに含蓄がある。

石川の哲学のエッセンスが、肩ひじを張ることなく語られており、それだけにきびしい批評となっている。

単刀直入にいえば、石川の生涯は、原初のことばを「代用品」に化かした無明との果てしない闘いであった。

そして、最後の気力を振りしぼるようにして発した、あの最後のことばは「代用品」ではなかった。そこには「いつわり」もなく、「技巧」もない。赤子とおなじことばである。

「オイシイネエ」「ベンキョ」「みなさんによろしく」――そう言い残して、石川の魂は彼の体を離れたのである。

別れの日に

向井にあてた永子の手紙では、この最後のことばを発してから、一昼夜して、石川は息を引き取った、とある。

しかし、実際はそれから三日たった、昭和三十一［一九五六］年十一月二十八日午前十時四分に、石川は息を引き取っている。

おそらく、石川の死後まもなく筆を取った永子の心は、激しく揺れ動いていて、日時をたしかめるゆとりが、まだなかったのだろう。

二十六日の夕方ごろから、危篤の報らせに驚いて詰めかけた石川の同志、友人、知人に見守られながら、石川は時折、大きなイビキをかくだけで、もはやひとことも発することはなかった。

最期は、まことに静かで、「スーと吸った息」は、ふたたびこの世には戻って来なかった、という。

生前から、石川は、彼の師のひとりであるエリゼ・ルクリュにならって、葬式はしないでほしい、と永子に言っていた。エリゼ・ルクリュは、死に際して、弟妹の会葬すら禁じ、後継者に指名された甥のポール・ルクリュが、ひとりでルクリュを墓に葬ったのである。

石川は、その生涯をみれば分るとおり、たいへん宗教的なタイプの人間であった。しかし、明治三十八[一九〇五]年、海老名弾正の不興を買って本郷教会を離れて以来、どのような教団、宗派にも属したことがない。

むしろ、大教団、大宗派の「非宗教性」に、石川の方から愛想をつかした、といった方が適当であろう。

だから、これらの教団や宗派の僧侶や聖職者によって、自分の魂の引導をわたされることは、御免こうむりたかったのであろう。そうははっきりいっていないが、自分の魂がけがされるような感じをもったのかもしれない。

さて、それではどういう儀式を執り行なったらよいか、それについての希望も指示も、ルクリュとちがって、石川は残さなかったので、遺族や同志、友人が鳩首協議することとなった。世にいう無宗教の葬式には、まだ定型といったものが出来上がっていない。いちばん過激な説は、いっさい、なにも執り行なわず、遺体は医者に提供する、というのであった。

しかし、それではあまりに味気ない。石川の死を伝え聞いて、石川の住まいである不盡草房にかけつけて来た人びとの気持も考えなくてはならないであろう。仰々しい弔辞などは辞退するにしても、ひと目、石川の死顔に接し、お別れを告げるような儀式は、石川とて許してくれるのではないか、これが鳩首協議の末のまとまった意見であった。

そして、そのあとで、あまり日をおかずに、石川三四郎を偲ぶ会を開催する、——これが石川を送るのに、いちばんふさわしいやり方ではないだろうか、というのであった。

ひとによっては、こういう簡素な儀式といえない儀式にさびしさを覚えた向きもあったようだ。だが、大半の参会者は、石川をあの世に送りだすやり方として、いかにも石川らしい、と感じていた。

十一月二十九日に執り行なわれた、石川を送る式には、ずいぶん大勢の人びとが集った。

いつもは、訪ねるひともまれな、ひっそりとした不盡草房であったが、その日ばかりは「まことににぎやか」であった。

「私はパパの生前にこの知人の声をパパに聞かせて頂きたかったと涙が流れました」、と永子は向井にあてた手紙のなかで訴えている。五年に及ぶさびしい闘病生活を支えて来た娘として、ひとこと言いたかったのであろう。

この日の参会者のひとり、緒方昇に「坂をのぼる葬列」という詩がある。

武蔵野の枯葉道を降りてゆくと
三十年前の風景が展けていました
　はだかのクヌギ林
　水の涸れた田ンぼ
　黒松の下の稲小積み
　枝折戸のわきのサルスベリ
　裏口の杉並木
　小川のほとりには
　水車小屋の跡もありました
　私は三十年ぶりにここを訪れたのです

昔のままの景色といいましたが
むろん大きな変化もあります
塵芥処理場のコンクリ煙突や
二つの巨大な球形の瓦斯タンクが
鼻のさきに眼をむいている

「さ、早く、オヤジに会ってくれ」
まわりのだれかに声かけられ
私は玄関をあがります
「即　身　説　法」
北魏時代、泰山谿谷の大岩石に刻まれた
金剛経の石拓を集めた四字の扁額
その下の座敷に
棺は置かれてありました
棺の上にはさまざまの草の花
棺の前には故人の著書数冊
ほかに何の飾りもありません

私は棺の蓋をずらして
石川三四郎翁と対面しました

おそらくはわが国最後の社会思想家
終生めとらず
つねに民衆とともにあった
誇り高き放浪の革命家――
「偉大なる孤独
　ここに眠る」
いえばそういえる安らかな死顔でした

――ひとに迷惑をかけぬよう
――ひとの邪魔をしないよう
――なるべくはひとに知られず葬ってくれ
大エリゼ・ルクリュの遺言
と同じことばをいい残して
故人は八十歳の生涯を終ったのです

行われたのは葬儀ではない
告別式でもない
あらゆる宗教から超絶し
一切の儀式が拒否されました
同志近藤憲二のあいさつのあと
日ごろかわいがってもらった
近所のお嬢さん（諏訪あき子）が
棺のなかをのぞきこむような姿勢で
バイオリンの弓をとりあげます
――シューベルトの『アベマリア』
曲の調べは低く高く
あたりに滲みわたってゆきます
そのとき
米軍のジェット機が飛んできました
爆音はたちまち
楽の音を消してしまいます
弾奏はつづけられ

ジェット機は去ってゆく
棺は大きな黒旗で覆われ
古い同志たちが担ぎました
白髪を長く垂れた人
なかにはステッキを片手に
歩行に不自由な人もいる
苦難の年輪を思わせるそれぞれの後ろ姿
うたごえも旗の波もありません
　「死屍固く冷えぬ間に
　　血潮は旗を染めぬ
　高く立て黒旗を……」
私は心のなかでうたいながら
葬列のあとについて
落葉の坂をのぼってゆきました

（『著作集6』月報4）

参会者はひとりひとり、緒方とおなじように、棺におさめられた石川と対面し、合掌した。「石川先生、ありがとうございました。さようなら」と念じたひともいたろうし、「石川さん、長い間、運動の柱となっていただいて御苦労でした。あとはわれわれが頑張ります」と誓った同志もいただろう。

石川への別れのことばはさまざまであったが、参会者のだれもがおなじように強く印象づけられたことが、ひとつあった。

それは、石川の死顔の美しさである。

大沢洋子は、永子の小冊子『不盡　一』に寄せた文の結びで、そのことに触れている。

先生が亡くなったというお知らせをうけて、先生のお宅へ伺う途中いつもの倍も道が遠いような気がしました。でも先生のお顔を拝見したときに、こんな美しい死顔をのこしてゆける人は、めったにいないと思いました。美しい生涯を送られた先生にふさわしい美しいお顔はいつまでも私の記憶にのこっています。

これから順次述べていくように、石川三四郎の生涯は、十代の少年のころから八十歳の最晩年にいたるまで、世間並みでいえば、決して恵まれた、安穏な一生ではなかった。

石川自身、流人（流浪の人という意）と称した時もあったように、貧しく、さびしく、不安定な一生であった。

これも永子の伝えるところだが、病床でやっと書きあげた『自叙伝』の巻頭に、徳富蘆花が、石川のごく初期の著述『哲人カアペンター』（明治四十五〔一九一二〕年）に寄せた序文を載せることになり、永子が蘆花のその文を読みあげていくと、突然、石川は顔をおおって泣きだした。

「愚かなる石川君」と題された蘆花の序文は、その後の石川の足取りをよく見通した好文で、石川は自分の生涯のさまざまな場面を一ぺんに思い出し、感きわまったのであろう。

> 世には物好きな者もあつて、ヤスナヤ、ポリヤナの大馬鹿爺なんかは、のたれ死がしたさに、わざわざ暖かな家庭の巣を夜ぬけして、到頭田舎停車場の駅長の部屋で苦しい息を引きとつた。大勢の人のあとから、おとなしく潤（ひろ）い道を跟（つ）いて行く者は兎に角、連れがあつても、無くつても、自流自儘の路を歩かずに居られぬ者は、或は時々、或は一生、荊棘（けいきょく）の中を歩むのは覚悟の前でなければならぬ。
> 『哲人カアペンター』は愚かなる石川君が荊棘の路に流す血の一滴である。（『著作集8』）

たしかに、石川の一生はいばらの道の連続であり、石川の数多くの活動は、いばらの道に流された血潮であった。

しかし、わたしたちが対面した石川の死顔は、とてもそのようないばらの道をかいくぐって、八十年間を生き抜いて来たひととは思えなかった。静かで、平和で、苦しみや悩みなど少しも感じさせられない、きれいな顔であった。生前のどの時よりも、すがすがしさをたたえていた。「あのように美しい死顔を、今までわたしは拝したことがない。三十年後の今でも、ありありと目に浮ぶ。まるで仏さまのようだった」と、大沢洋子は語っている。いばらの道を歩むなかで流された血が、たぶん、石川の魂を光り輝かせていったのだろう。そして、魂が身体を離れていく時に、そのしるしを、顔に残していったのだろう。大沢が「仏さまのようだった」と回想するのは、あながち誇張だとは、わたしはおもわない。しかし、いばらの道ということでいえば、わたしたちはだれしも、多かれ少なかれ、いばらの道の歩行者である。にもかかわらず、石川のように美しい死顔を残せるひとはまれである。

それはなぜなのだろう。

思い増すひと

昭和三十一［一九五六］年十二月七日、東京四谷駅前の主婦会館ホールで、「石川三四郎を偲ぶ会」が開かれた。

近藤真柄は、その会の雰囲気を、「お別れの日に」と題する小文で、まことに暖く描いている。

十二月七日石川三四郎をしのぶ会。友人、同志、後輩二百数十名の集りで、ヴァイオリンをひく、詩をよむ、思い出を語る、礼賛する、思想的解剖をする、素破ぬきをやる。みんないい手向けであった。石川さんの旧い同志、添田啞蟬坊、柴田三郎、西川光二郎、及川鼎寿、大杉栄、堺利彦の息子や娘の顔もあった。この二代目たちで、親たちが石川さんと一緒にうたった「富の鎖」をうたいたいな、皆さんも斉唱して下さるだろうなと思ったが、いい出せなかった。

福田英子氏宅時代から石川さんを知っている九津見房子さんは、散会後四谷見附で電車を待つ間、一人で「富の鎖」をうたいましたよと、その夜電話をかけてきた。出棺の日も偲ぶ会にも出席された下中弥三郎氏（平凡社社長）は、「いいおくりだった」といわれたそうだ。この言葉にグッと胸もとがつまって、別れを感じる涙が出た。

（『著作集８』月報１）

下中弥三郎とは、石川は大正末からの知己で、晩年には、平凡社の社員でもある近藤憲二を通じて、なにほどかの援助も受ける間柄であった。

昭和二十七［一九五二］年二月十三日付の、近藤にあてた石川の手紙は、その間の消息を語っている。

ルクリユ翻訳〔『地人論』〕の件、まことに有り難う御座いました。下中〔弥三郎〕社長御気げんうるはしく、これなら大丈夫と存じ、早速仕事に着手しました。何にしても愉快です。大いに馬力をかけます。生存中に全部を完訳したら、どんなに幸福でせう。下中社長にお礼申して下さい。これで長生ができるでせう。

この上要求がましいことを申しては済みませんが、社長から先きに御申し出でもあつたこと故、お願ひしますが、小(ママ)しばかりさき借りできるでせうか。雨もりで不愉快極まるところを修繕したいのです。そのためこの際五万円ほどほしいのです。貴兄の御見込みで余り失礼でないやうでしたら、御取り次ぎ下さいませんか。これは月々の分とは別にお願ひ申したいのです。何分よろしく御助力賜はり度願上ます。〔『著作集7』〕

この時、石川は七十六歳。七十六歳になって、なお無心状をしたためなければならなかったのだが、それにしても、この手紙には石川の無邪気さと慎しみぶかさとがよく表われている。

ルクリュの『地人論』の完訳は、石川にとって最大の念願であった。第一巻は、すでに昭和五〔一九三〇〕年に刊行され、それがまた昭和十八〔一九四三〕年に『世界文化地史大系』

の書名で復刊されているが、分量にすれば、原書第一巻の前半部分にすぎない。原書は各六、七百ページの大冊で六巻本というのだから、まだ全体の十二分の一しか訳了していない勘定になる。

したがって、完訳を果たすにはどうしても長生きしなくてはならぬこととなるのだが、実際は、この翻訳に没頭したことが石川の生命を縮める結果となった。大張切りで、長谷川進、広津信二郎に応援してもらい、翻訳を始めたのだが、その年の八月、脳軟化症に襲われ、以後、闘病生活が続くのである。

もちろん、翻訳はあきらめざるをえなかった。石川の無念さはいかばかりであったろう。そういう因縁のある下中弥三郎だが、偲ぶ会の席で、下中は、

　石川さんは、えらい人というよりも、「人間」という感じをふかく感じさせる人であります。人間という感じを人に与える人は非常にすくないと思うのでありますが、石川さんはそういう方でありました。このことだけを申し上げて私の思い出といたします。

（『著作集6』月報4）

と、ことば少なに語っている。

下中はまた、石川のことを「思い増す人とはこういう人をいうのかと思いました」とも述

べている。

この偲ぶ会が開かれてから、二十年近くたった昭和四十九〔一九七四〕年、大河小説『安曇野』を書き上げた臼井吉見は、石川について、下中弥三郎とおなじような感慨を洩らしている。臼井は、石川とは面識はない。石川の『自叙伝』の原稿を筑摩書房に持ち込み、断わられた、という因縁はあるけれども、この折衝はおそらく臼井のあずかり知らぬところで行なわれたのであろう。

臼井が石川に魅せられていったのは、『安曇野』を書きすすめていく間であった。石川永子やその他二、三の石川の知己のはなしや、石川自身の著述を通じて、いわば間接的に臼井の石川像は形づくられていったのだが、それが下中のようなごく親しい知己の石川像と重なり合うのである。

臼井は次のように述べている。

最後に、尊敬する石川三四郎について一口申します。石川三四郎は、人間とは何か、ということをはっきりした形でつかんでいた人だと思います。人間とは、命を終える瞬間まで、二つの闘いをやりぬく存在であります。二つの闘いとは何かというと、一つは、外なる社会の不合理と闘うということ。もう一つは、内なる自分と闘うということ、自分の内なる〝無明(むみょう)〟と闘うということです。――無明とは、私利、私欲、エゴイズムをはじめ、人生は何のためにあるか、何のために人生を生きるかっていうことにさえ無関心で、考えようともしないような愚かな状態を無明って名づけたようであります。――人間はこの二つの闘いを同時にやり抜かなけりゃならない。わけても彼が大事に思ったのは、社会の不合理と闘うことも大事だが、一層大事なのは、自分と闘うこと、自分の内なる無明と闘うこと、これをやり抜くことこそ人間という存在なんだ。臨終の間際まで、この闘いは続けられなければならない。その意味で、石川三四郎は、この世のなかで一番大事なのは教育だと、はっきり言っております。それは、人から教えられるばかりでなしに、自分が自分と闘うこと、これが彼のいう教育の大部分を占めるわけであります。何百人という人たちに、『安曇野』には登場してもらいましたが、一番敬愛する人は誰かと訊かれれば、石川三四郎をえらびます。石川三四郎こそ、なつかしく、慕わしい人であります。

（「歴史と教育」『教育の心』）

もうひとり、北沢文武の石川像に触れておきたい。

北沢は、石川の郷里、埼玉県本庄市の生まれで、いまも郷土の中学校で教鞭を取っているひとだが、早くから、明和元［一七六四］年の大一揆と石川三四郎の生涯と、関東大震災の際の朝鮮人虐殺、この三つのテーマをあたためていたという。

この異色の郷土史家は、『明和の大一揆』につづいて、全三巻の本格的な石川の最初の伝記『石川三四郎の生涯と思想』を書きあげ、さらに地元の有志と協力して、本庄市の若泉公園に、「横八尺・縦六尺五寸という立派な顕彰碑」を建てている。

明治二十三〔一八九〇〕年、十四歳で東京に出て以来、石川はほとんど郷里には寄りつかず、郷里の方も、石川を「国賊」視して寄せつけようとはしなかった。

大正十五〔一九二六〕年に石川の出身地である旭村青年団の有志が、「郷土出身の名士」として講演会を企画したが、村の有力者たちに干渉されて中止になった事件があり、石川が郷里の有志と膝を交えて話すことができたのは、じつに昭和二十三〔一九四八〕年になってからであった。

石川は、その折の喜びを「七十余歳にして故郷に容れられる」と表現している。

だからもし生前に石川が、彼を本庄市の名誉市民として迎え、その顕彰碑を市内に建てるという運動が、市民有志の手で進められると聞いたら、涙を流して感激したにちがいない。石川は、戦前は「国賊」視されて、郷土は愚か、ヨーロッパへの亡命さえよぎなくされたが、それは本当に郷土を愛する愛国者だったからである。

もちろん、北沢も石川とは一面識もない。しかし、地縁につながる北沢の石川像は、臼井とおなじようにたしかである。北沢は、「私の石川三四郎論」という小論のなかで、……石川三四郎の存在は北極星みたいなもので、位置はほぼ不動であるが光はあまり強くない。情勢が悪くなって太陽や月がいち早く姿を消すと、初めて光が増してくる。明治末期の社会主義の冬、大正デモクラシーの衰退期、そして第二次大戦の最中などには、石川三四郎の存在は一きわすぐれたものであったが、敗戦と同時に、またぞろ元気のよい星くずたちが光を競うようになると、とたんに彼は忘れ去られてしまうのである。

（『著作集8』月報1）

と、位置づけ、

……没後二十年にもなる石川三四郎を〝現代〟が必要としているとすれば、おそらく彼のあれこれの主張そのものというよりは、それらの背景をなす、それらを貫ぬいている、石川流の姿勢とでもいうべきものによるのではなかろうか。

と、結んでいる。

光と薫の紙碑を

このような諸家の石川像に対して、不足を感じる向きがないではない。とりわけ、石川の同志とされる人びとの間で、それは強い。たとえば、向井孝は、「〈石川三四郎小論〉ノート」(『著作集1』月報7)で、「人間石川的観点のみを強調する傾向には、不満を抱かざるをえない」と述べている。

つまり、石川さんの主要な半面としてある〈革命運動家〉〈アナキスト〉について、その評価の不言及というか、あえての黙殺が何となく感じられるからである。

この不満は、長らく石川を「同志」としてみてきた人びとにとっては、当然であろう。石川自身、最後まで「無政府主義者」「アナルシスト」と自称し、自覚していたのであるから、その側面を削り落とすことは、片手落ちのそしりを免れまい。

それはそうかもしれないが、ひるがえってアナキズム運動の流れのなかに石川をおき、アナキスト石川三四郎、革命家石川三四郎とあらかじめ肩書をつけてしまって、どれほど石川三四郎そのひとに迫ることができるか、と考えてみると、わたしにははなはだ心もとなさが感じられる。

そういう肩書からの迫り方もなくはないだろうし、わが国のような肩書社会ではその方が通りやすいのだろうが、それだと、えてして肩書の革命運動やアナキズム運動が主体となり、石川はその舞台で演ずるひとりの役者に限定されるおそれがある。

悪名高いスターリン流歴史の書き替えは、ひとりスターリン主義にかぎったことではなく、どのような政治流派にもありうることなのである。アナキズムとて例外ではない。石川流にいうならば、これぞまさしく無明のなせる業(わざ)である。

石川は、「生活態度の革命」というエッセイを、昭和二十六［一九五一］年に書いているが、そのなかの一節で、

私はヨーロッパに行つて、会ふ人も会ふ人も、悉くといつてよろしいほど、単純生活、労働生活の実行者であり、純潔な修道者のやうに見えたのに驚かされた。エドワード・カアペンター、ルクリュ一族、チェルケゾフ、グラーヴ、トルトリエ、ピエロー、何れも徹底した単純生活者で、各々自らの生活に平和な自然な真実の光を湛えてゐるのであつた。特にアナルシスムを説くのでもなければ、新らしい道徳を主張するでもないが、唯だこの世俗に見られない光と薫とを身辺に放つてゐる。それだけだ。それでその身辺に及ぼす感化力は深刻なのである。

（『著作集４』）

と、述べている。

これだ、とわたしはおもう。

石川もまた、その身辺に「この世俗に見られない光と薫とを」放つひとりであった。そして、その最後の輝きがあの美しい死顔である。

石川の身体がなくなってしまった今、わたしたちにできることは、なんらかの形でこのような存在としての石川を、この世にとどめておくことであろう。

石川の郷土の人たちは、彼の生まれた土地に御影石の顕彰碑を建てた。

わたしは、わたしなりに、一巻の紙碑を建てたい。それは、石川がわたしたちに与えた「光と薫」を、まだ石川を知らぬ人たちに伝え、さらにはのちのちの世の人たちもまた享受しうるものとなるだろう。

アナキズム運動史上の石川、あるいは日本近代史における石川、などについては、それぞれのしかるべきひとにお任せしたい。

また、近代評伝のセオリーにしたがって、人間石川の思想と生活、そのすぐれた部分と問題の部分を「客観的」に洗い出し、もって石川の全体像なるものを描くとか、さらにはその思想と行動がもつ現代および将来へのインパクトを、希望的に予測するとか、そういう定型石川伝も、しかるべきひとがなさるだろう。

わたしは、それらとはいささか違った趣向の石川伝を、ここで試みたい。きわめて大それた言い方になるので、誤解されるかもしれないが、わたしがモデルにするのは、かつてイエスの弟子たちがイエスの福音を述べ伝えた、あの手法である。

わたしは、イエスの使徒たちのように、石川の身辺にいた、忠実な弟子ではないし、かつては「石川三四郎論」（昭和三十四［一九五九］年）のような「思想的解剖」を、おこがましくも試みさえした不逞の輩である。

しかし、今のわたしにとって、石川は、「この世俗に見られない光と薫とを」放つひとであり、「仏さまのよう」に美しい死顔を残したひとである。

それが石川の最良の姿であり、本質的な部分である。もちろん、それは石川のすべてではないが、今のわたしの最大の関心事は、石川のすべてを知りつくすことにはない。そういうおぞましい知的好奇心を、わたしは持ち合わせない。

むしろ、最良の姿を仰ぎ、本質的な部分に触れることに専念したい。そしてまた、その姿を、まだ知らぬ人たちにも仰いでもらいたい。その本質に触れてもらいたい。

このわたしの念願は、どうもあのイエスの弟子たちの手法を借りるのでなければ、果たされないように、わたしにはおもわれる。

つまり、あの古代の福音史家たちは、イエスの全体像を「客観的」に語っていくのではなく、イエスの本質である福音に焦点を当て、その部分をクローズアップさせるのだが、その場合にわたしたちがえてしておちいり易い主観的な美化が全くない。このやり方で書き手の主観的美化がまじると、これはもう鼻もちのならない提灯伝記に堕してしまうのだが、彼らは書き手でありながら自らを無にすることで、イエスの福音そのままの再現に成功したのである。

わたしもまた、石川がこの世に放った「光と薫」に焦点を当て、その部分をクローズアップさせていく。しかし、石川賛歌は決して歌わない。美化もせず、批評もしない。ただひたすら、石川の最良の姿、本質の部分がそのまま読み手に伝わっていくように描いていきたい。うまくいくかどうかは分らないが、そうでなければ、石川がこの世に残した「光と薫」を、のちのちの世の人たちまでも享受するという、わたしの念願はかなえられないだろう。

II　家を離れ、恋に破れる

利根川の産湯につかる

本庄駅から伊勢崎へ向かうバス道路は、利根川にぶつかり、阪東大橋を渡って群馬県へと通じている。

阪東大橋は一キロあまりの長い橋で、埼玉県側と群馬県側にそれぞれバスの停留所がある。このバス道路の西側が、石川の生家のある山王堂である。

石川三四郎が誕生したのは明治九〔一八七六〕年五月二十三日だが、そのころはこの土地は埼玉県児玉郡山王堂村と呼ばれていた。その後、児玉郡旭村大字山王堂とかわり、現在は本庄市山王堂である。

今の山王堂は、高い利根川の堤防のかげにひっそりたたずむという感じの、人影もまばらな田舎町で、利根川の方も河川敷がひろがり、市民運動場まであって、本流はずっと群馬県寄りになっている。

しかし、今から百十数年まえ、石川がこの世に生を享けたころの山王堂村は、利根川河畔の古くからの船着場で、陸には人馬の往来があわただしく、川にはいつも「大小の帆船が十隻以上繫がれる」という活況を呈していた。

石川の生家は五十嵐家といい、系図をさかのぼれば十四世紀、南北朝時代にいたる旧家で、この村を拓いたのが永禄三〔一五六〇〕年というのだから、歴史は古い。

家業は、江戸時代以来、「幕府特許の船着問屋」で、年貢米の江戸への輸送を中心に、この地方の水運業を独占しており、同時に山王堂村の代々の名主であった。

そして、山王堂村の住民はほとんどいわば「五十嵐運送店」で働く船頭であったり、水夫であったり、あるいは人夫であったりという具合で、村ぐるみ五十嵐家の雇人になっていた。だから関東平野の一角の小村ではあっても、山王堂村はふつうの農村とちがい、地主と小作人という関係はなかった。

そこで、「利根の水が東に流れ、太陽が東から登る間は米びつに米は絶えない。宵越の金を使うのは黴（かび）の生えた食物を食うよりも馬鹿」（『自叙伝』『著作集8』）というような、ふつうの農村ではみられない哲学を、山王堂村の住民は持つようになった。

「宵越しの銭は持たぬ」は、よく知られているように江戸庶民のさっぱりした気風のひとつで、山王堂村の住民がおなじような気風をもつようになったのは、水運業という特殊ななりわいのためだろう。

もっとも、江戸と山王堂村とは利根川という水路を通じて意外に近く、江戸の気風が帆船に乗って山王堂村へ運ばれた、というようにも考えられる。

この哲学は、山王堂村では小さな子どもたちの間にも行きわたっていた。彼らにとって、「上（かみ）とは西であり、下（しも）とは東であ」った。なぜかというと、利根川は西から東に流れるからである。

また、おなじ理屈で、「水は西から東に流れるもの」と信じられていた。ところが越後から移って来た少年が、東から西に流れる川だってあるよ、と言い出したので騒ぎになった。この少年は信濃川を見ていたのだろう。井の中の蛙の土着の子どもたちは、自分たちの「信仰」をひっくりかえそうとする移住民の子どもを袋叩きにし、腕ずくで「信仰」を守ろうといきりたった。

この騒ぎは、その場を通り合わせた老人が、自分で砂原に小さな水路を、東から西へ向けて掘り、そこに水を流してみせることで落着した。

……一人の異邦人のために、吾々多数は惨敗せしめられ、歯をくいしばったのですが、事実には勝たれませんでした。神聖な利根川も些かその威厳をそこねたわけであります。

と、『自叙伝』は語っている。

これは山王堂村の子どもたちに共通したことなのか、石川少年にかぎったことなのか定かではないが、自然についての彼の知識はおどろくほど貧しかった。

十一、二歳のころ、秩父方面へ旅行した時に、はじめて山を間近に見た石川少年は、山に木が生えていることを知ってびっくりした、という。いつも遠く、地平線のかなたにしか山を見ていなかった彼は、「山は青くてなめらかなもの」と信じていたのである。

また、十四歳ではじめて東京に出た石川を一番おどろかせたのは、なんといっても人間の多いことだったが、その次におどろいたのは「東京湾の海面の広大」さであった。

本当に、「井の中の蛙、大海を知らず」だったのだ。

山王堂村の実権者である五十嵐家は、信仰の世界でも有力者であった。

山王堂村の生命線である利根川の水神を祭る厳粛な儀式を取りしきったのも、「近隣のどこの村でも持っていない金色燦然たる神輿（みこし）」と「立派な山車（だし）」を寄進したのも、五十嵐家であった。鎮守の祭の時には、この村の誇りである神輿と山車が鎮守の森から繰り出され、五十嵐家の門前で一休みするのが恒例となっていた。五十嵐家はその時、酒肴をふるまったのであろう。

また、山王堂村の寺も、五十嵐家が自ら建立(こんりゅう)している。宗旨は真言宗で、「有徳の老僧」が住職をつとめていた。五十嵐家は代々成田不動を特別に信奉していたので、真言宗の寺を自分の村に建立したのだろう。

明治になって汽車が通るようになってからのことだというから、明治二十〔一八八七〕年前後であろうが、成田不動の開帳が群馬県高崎市で営まれた。その時には、御本尊は成田からわざわざ帆船で利根川をさかのぼり、山王堂村に上陸し、五十嵐家に、二、三日逗留し、それから「その巨大な厨子(ずし)を村人達がかついで本庄駅に運び、そこで初めて汽車に遷し」た、と『自叙伝』にある。

成田山新勝寺は、関東、信越一帯に講組織をひろげていたから、おそらく五十嵐家も、その組織につらなっていたのだろう。

五十嵐家の二階にも大きな護摩壇があり、例の老僧が月に一、二回、そこで「護摩を焚き、不動、慧智の修法を行」なったという。五十嵐家は篤信の家系だったのだろう。

もっとも、少年石川は信仰よりは好奇心の方が強かったらしい。ある日、この護摩壇の奥に安置されている、錦の袋に包まれた金色に輝く筒をこっそり開けてみた。みんなが拝んでいる本尊の正体をたしかめたかったのである。

少年石川が予想したのは不動明王かなにかの仏像だったが、筒のなかから現われ出たのは、「象の形を具えた二体の怪物が相抱擁している」大聖歓喜天の赤裸々な像であった。「子供ながら些かの羞恥と驚きとを感じ、急いでそれを元通りのところに据え」たのである。

山に木の生えていることは知らなくても、どうやら男女の秘事については、少年石川はおぼろげに知っていたらしい。船着場という開放的な環境に、子どもたちも染っていたのかもしれない。

由緒正しい、地方の名門五十嵐家の三男坊として生をこの世に享けた石川は、赤ん坊の時から病弱で、神経質で、ちょっと気むずかしい子どもであった。

『自叙伝』を読むと、いささか自虐的なくらいに、自分がどれほど内気で、引込思案で、意気地のない、弱々しい性質であったかが強調されている。

幼少年の時代を、これくらい暗く、内省的に描いている自伝は珍しいが、多少の誇張はあるにしても、まず真実が語られているとみてよいだろう。

三、四歳のころ、伯母につれられていった芝居見物の最中に、突然、引きつけの発作に襲われたことがある。原因は「何かはげしい音楽でもあったのか、こわい化物か何か出る幕であったのか」、はっきりしたことは分らないが、意識を失い、口から泡を吹いていた、という。

過敏症な幼児にみられる発作なのだろうが、芝居を見ていて発作を起こす、というケースはあまり例を聞かない。なにか、それ以前にべつの原因があったのか、あるいは石川の感性が人並み外れて繊細だったのか、今となっては知るすべもない。

芝居見物で石川が大きなショックを受けた事件は、もうひとつある。なぜか、この事件は『自叙伝』には書かれておらず、昭和二十五〔一九五〇〕年に発表された「私の精神史」（『著作集4』）にのみ、出ている。

それは、石川が東京で苦学中の出来事で、川上音二郎の「書生芝居」を見ていると、川上が「慷慨悲憤」しながら、「この地球が太陽と衝突して、粉みじんに砕けてしまえばよい」と絶叫した。この科白（せりふ）が、今でいえばおそらくノイローゼ気味だった石川の心を強く撃ち、「思索の新しい窓」を開くきっかけになった、というのである。

石川は、小さいころから、相当身を入れて芝居に打ち込む性質だったのだろう。

意識を失って、口から泡を吹いている三四郎を取巻いて、大騒動となった。とにかく、五十嵐家の御曹子の大事であるから、村の人たちも馳けつけて来た。五十嵐家の庭先の井戸の底に向かって、「三四郎や！」と大声で叫ぶ者がいた。こうすると、「地獄に行った魂を呼び」戻せると信じられていたのである。

「三四郎や！」と叫んだのが、彼の母親であったかどうかは確かでないが、そしてその時、石川少年が地獄のとばくちまで行っていたかどうかは、さらに確かでないが、石川自身、井戸の底に向かって叫ばれたその声を記憶しているという。この「三四郎や！」で、意識が戻ったのである。

けれどもこのひきつけがもとで、石川は強度のやぶにらみとなり、「ものの見当がつかなくて常に物につまずいたり、ひどい失敗を屡々重ねるようにな」った。その上、かんしゃくもちにもなった。

もともとかんしゃくもちだったから引きつけを起こしたのか、あるいは引きつけがもとでかんしゃくもちになったのか、にわとりが先か、たまごが先かというような詮索は一まずおいて、神経過敏の素質がいずれの場合にも原因であったことは間違いない。

食事の時に、給仕の仕方が気に入らないといって茶碗をほうり投げ、女中を泣かせることがよくあったというのだから、相当なわがまま坊ちゃんである。

その上、このわがまま坊ちゃんは「冷え性」で、七、八歳のころ、腰が抜けて立てなくなる始末であった。そのために、伊香保温泉の湯は非常にあたたまるというので、わざわざ湯の花を取り寄せたり、当時はまだ肉食は忌みられていたのだが、冷え性には肉が利くといわれて、馬肉や牛肉を求めて食べさせている。ずいぶん大事に、おかいこぐるみで育てられたようにみえる。

それでも身内はありがたいもので、三四郎の弱いのには困ったものだと嘆く父親に対して、次兄の犬三が、

「……お父さんは徳治（私の弟）が如何にも利巧で、三四郎はとても及ばないと言われるが、人間には各々特徴がある。徳治にはとても真似の出来ない長所を三四郎は持っている。ああして一人で家の中にとじこもって、幾日でも書物を見ている三四郎の真似

は決して徳治には出来ない」　　　　　　　　　　　　　（『自叙伝』）

と、石川をかばい、それを聞いて父親も「嬉しそうにうなず」くのであった。

このような身内の理解はあったが、それへの甘えもあって、石川の引込思案は年とともにひどくなったようだ。そして、「これが私の一生涯を支配した習慣になり、それが私の孤独感を自ら養ったことになったのではないかと思います」、と石川は『自叙伝』で回想している。

しかし、石川が一家の「余分者」とひがむようになり、今様にいえば自閉的になっていったのには、名目だけにせよ、石川家に養子に出されたことがあるだろう。

北沢の『石川三四郎の生涯と思想』によると、石川が五十嵐家から五十嵐家の雇人であった石川家に養子に出されたのは、三歳の時であった。

養子といっても、ねらいは徴兵逃れで、実際はずっと五十嵐家で育てられ、養父母は養子縁組ののち、まもなく亡くなっているのだが、それでも敏感な石川には、名誉ある五十嵐姓を名乗れないのが、堪らぬ屈辱と感じられたのである。

子どものころ、けんかをすると次兄の犬三や弟の徳治から「石川やーい」と嘲弄されたこともあり、石川は二十歳近くまで石川姓を自ら名乗ろうとしなかった。よほど五十嵐姓にこだわりを抱いていたのだろう。

ふつうの神経の持主であれば、こういうことにそれほどこだわりはしないのだが、やはり石川は相当に繊細な神経の持主だったようにおもわれる。

たらい廻しの書生生活

もし五十嵐家の繁盛がずっと続いていたら、このわがままで過敏な坊ちゃんは、変り者の御曹子として、山王堂村のお屋敷の別棟あたりで、万巻の書に埋もれて生涯を終えていたかもしれない。

しかし、文明開化の滔々たる流れは、利根川の流れを凌ぎ、利根川とともに栄えて来た山王堂村や五十嵐家の繁栄を、あっという間に押し流していった。

明治十七〔一八八四〕年六月に、上野、高崎間に鉄道が開通し、北関東の交通、運輸事情は一変した。帆船でのんびりと東京までものやひとを運ぶ牧歌的な水路交通は、時間からいっても、運賃からいっても、全く勝負にならなかったのである。

……殊に船着場であった私の村は全村失業状態となり、軒の傾かぬ家、雨のもらぬ家は稀にしかないようになりました。（『自叙伝』）

という惨状であった。

五十嵐家の当主五十嵐九十郎は、石川に似て小柄で上品な「ハイカラ田舎紳士」だったが、それだけにこの大変動を乗り切る才覚は持ち合せていなかった。

鉄道が開通するとすぐ、「本庄町停車場前の一番よい所に運送店を開」いたが、「それも瞬たく間に多くの借金を残して失敗」する始末であった。それからは家業は長男宰三郎と「分家の当主」に任せ、自分は隠居同然に第一線からしりぞいた。ところが、その長男も事業の経験は浅く、おまけに放蕩者ときているので、家運は傾く一方である。

そうなってくると、三男坊で形だけにせよ、石川家の養子という「いわば一家の余分者」である三四郎の立場は、きびしくなって当然であろう。いつまでも家に閉じこもって、本ばかり読んではいられない。

明治二十三［一八九〇］年、本庄町高等小学校を卒業した石川は、同郷の先輩に誘われるまま、東京遊学を志すのである。

石川の父は、実業には秀いでていないが、子どもの教育には熱心なひとで、家庭教師をつけたり、小学校が休みに入ると、わざわざ学校の先生を呼んで講習会を開いたりしていた。すでに次男の犬三は上京して、東京法学院（中央大学の前身）に学び、犬三の勉強を助けるために母のシゲまで上京したというのだが、もしこの話に裏がないとすると、大変な期待が犬三に寄せられていたことになる。

もっともシゲは上京してから、同郷の若者たちを相手とする素人下宿を、神田神保町に開いたというから、犬三の面倒をみる一方で、彼の学費も稼ぐ、という一石二鳥の構えでいたのかもしれない。三四郎の上京を促した茂木虎次郎も、かつてはシゲの下宿人のひとりであった。

余談だが、弟の徳治は三四郎よりさきに上京している。たぶん徳治の方がなににつけても積極的だったのだろう。しかし徳治は上京後まもなく、母シゲの大病にあったりして、東京の水は自分には合わないと感じたのか、故郷に戻り、以後二度と東京へ行こうとはしなかった。

兄の犬三と弟の徳治が先に上京しているのに、ひとり山王堂村に取り残されて、三四郎はさびしくもあり、不満でもあった。「やはりおれは養子に出された余分者だからな」、とひがんでいたことだろう。

それゆえ、茂木の誘いに飛びついたのだが、しかし、五十嵐家が彼の学費を出すわけではなく、また兄の犬三のように母が面倒をみてくれるわけでもなかった。当時の苦学生にはよくみられたのだが、同郷の有力者を頼ってその家の書生に住み込み、玄関番から走り使い、外廻りの掃除など雑役を一手に引き受ける代わり、しかるべき学校に通わせてもらう、という道しか三四郎には残されていなかった。

わがままで過敏な坊ちゃんが、一転して他家の書生になるのだから、随分辛いこともあったろうが、『自叙伝』にはそういう回想は見当らない。むしろ、初めて見、聞きする政治の世界のはなばなしい活劇に魅了された有様が語られている。

石川が父に連れられて始めて上京したのは、高等小学校を卒業した明治二十三〔一八九〇〕年の九月である。

最初に石川を引受けたのは、茂木虎次郎と、やはり同郷の橋本義三のふたりであった。彼らはいずれもミシガン大学を卒業したての「新帰朝」の「新思想家」で、自由党員であった。なかでも茂木は「最も極端なる財産平均論者」であったが、「今は吾が恩人茂木氏も橋本氏も共に代議士となり、共に尠からぬ財産を有する資本家、地主となって居る、嗚呼世の変遷は怖しいものでは無いか」と、石川は「日本社会主義史」（明治四十〔一九〇七〕年『著作集5』）のなかで皮肉っている。

こうして石川の書生生活は始まるのだが、石川を最も苦しめたのは他人のメシを食う辛さではなく、メシを食わせてくれる主人がさまざまな事情があって転々と変わり、そのたびに住まいも変わり、とても落着いて勉学にはげむどころではなかったことであった。

この目まぐるしい転変を年表ふうにまとめてみれば、次のとおりである。

明治二十三〔一八九〇〕**年**　九月、東京市麻布区我善坊町の茂木虎次郎＋橋本義三宅に住み込む。その後まもなく赤坂区新町に転居する。

明治二十四〔一八九一〕年　四月、茂木、橋本はそれぞれ郷里に引揚げ、石川は彼らのミシガン大学時代の学友福田友作宅（小石川区小日向水道町）に預けられる。しかし、それも束の間、福田と同郷の弁護士吉沢某に預けられるが、その吉沢もじきに東京を離れることとなり、九月ごろ、万策尽きて母シゲの下宿屋（麹町区飯田町）に転り込む。

明治二十六〔一八九三〕年　六月、兄犬三の東京法学院卒業とともに、下宿屋をたたむことになり、石川は弁護士卜部喜太郎に預けられる。しかしまもなくそこを出て、ふたたび福田宅（牛込区天神町）に移る。

明治二十八〔一八九五〕年　福田家は窮乏をきわめ、夜逃げ同様にして麹町区中六番町に移ったが、立ち直れず、一家離散となり、石川は従弟の下宿にしばらく身を寄せ、ついに故郷に引揚げる。

ごらんのように、五年あまりの間に、主人がかわること五回、住まいがかわること九回、という目まぐるしさである。

いちばん落着いていられたのが、母の下宿屋に転り込んだ間ぐらいで、まともな書生生活はほとんどおくられていない。

だが下宿屋にいる間には、兄の犬三らが中心になった硫酸事件（列車内で政敵に硫酸を浴びせた事件）が起こっているから、これまたあわただしく過されたにちがいない。

なかでもいちばんひどかったのは、明治二十六〔一八九三〕年以後の福田家での書生生活である。

福田友作は栃木県の資産家の長男であったが、「両親の気に入りの嫁」を離別して、大阪事件のヒロイン景山英子と結婚したために、勘当同様の身分になっていた。

よくまあそういう状態の時に、書生を迎えたものだとおもうが、行きどころのなくなった石川の窮状を見かねたのだろうか、あるいは英子がちょうど出産したばかりで人手がほしかったのだろうか、いずれにしても無理な話ではある。

もっとも福田にしてみれば、「金持の息子さんの悲しさで、貧乏骨髄に達しながらも、最後には生家の方からどうにかしてくれるだろうという依頼心が無意識に潜んでいた」ので、書生のひとりぐらい、という気があったのだろう。

いずれにしても、福田家の書生石川は、福田家に面倒をみてもらうというより、福田家の面倒をみるのに骨を折ったらしい。

明治二十七〔一八九四〕年の大晦日に、石川の父が「新調の手織木綿の羽織と小倉のハカマ」を届けて来た。せめて正月にはこざっぱりした服装をさせてやりたい、という親心である。

ところが福田家の方は正月の餅代も払えず、餅なしの元日を迎えようという有様であった。その窮状を三四郎から聞いた父五十嵐九十郎は、五十円という大金を用立てた。やせても枯れても名門五十嵐家の当主である、気前のよいところをみせたのかもしれぬが、九十郎というひとも三四郎に似て、心やさしい善人であった。

大事な息子を書生に迎えておきながら、この有様はどうだ、と文句のひとつも言って、三四郎を連れて帰ることだってできたろうし、むしろそれが世間一般の親のやり方であったろう。

福田夫妻が涙を流さんばかりにして喜んだのは当然である。おかげで明治二十八［一八九五］年の福田家の正月は、世間なみに餅あり、酒ありで迎えることができた。

だが、それも所詮は「焼石に水」。父が届けてくれた「新調の羽織と袴も、永くは手許に留まらず、質屋の縄に縛られて、お倉の奥に幽囚され」る始末であった。書生の着物を質に入れるなど、前代未聞の出来事であろう。

……夏になっても蚊帳がなく、知人の紹介で、損料をだして二張りの蚊帳を借り、家への途中一張りを質に入れてお米を買って帰ったこともありました。牛込天神町の家から下谷黒門町の知人の処で借り受け、神田、表神保町の質屋に廻って帰るのですから大変でした。電車もバスもなし、人力車に乗るのも惜し、大ていは徒歩のお使いでした。（『自叙伝』）

二張りの蚊帳を借り、そのうちのひとつを質入れし、それで当座の米を買うというような綱渡り的な渡世術を、石川が知っていたとはおもえないから、福田英子あたりに教わったのだろうが、わがまま坊ちゃんの成長ぶりには目を見張らされる。

けれどもこれだけ苦労した甲斐もなく、とうとう福田友作は一時英子と別れ、ひとり「病児を背負って故郷の栃木県穂積村に帰」るにいたった。一家離散である。

「失意の極におちいり、半病人になっ」た石川は、従弟の下宿にへたり込んで、空しく日を過していた。

秋風のたちてや吾を誘ふらん
散りゆく木の葉しるべともして

これはそのころに石川がよんだ歌で、なにもかもが思うにまかせず、八方ふさがれて自死に魅力を覚える心境だったのであろう。時に石川は十九歳である。

だが、その時分にたまたま見た川上音二郎の「書生芝居」で、心機一転のきっかけをつかんだことは、まえに述べた。

石川三四郎という逸材を生むのに、川上音二郎がひと役買っている、とはお釈迦様でも気がつくめえ、というところであろう。

石川は東京遊学の悪夢を断ち切って、その年の暮になつかしの山王堂村へ帰るのである。

一波が万波を呼ぶ

東京という大都会でこづき廻され、心身ともにずたずたに引き裂かれた石川は、なつかしい山王堂村の自然と両親の愛情に包まれて、まもなく元気を取り戻した。

そして、翌年四月、榛名山のふもとにある室田村の室田高等小学校の代用教員となる。「この小学教員の職は私に真の生き甲斐を感じさせた」、と『自叙伝』にみえるが、一方、「私の精神史」ではこうなっている。

……あしかけ二年の教員奉職中、私の生活はかなり放蕩をきわめた。それは川上の科白(せりふ)の影響ばかりではなく、その当時の環境がまた強力に私を誘引したのである。やがて私は同僚の引き留めるのを振り切って、この職を辞し、深い愛着を感ずる生徒達と別れを惜んで再び故郷に帰り、更らに東京に出た。一時放蕩に身を持ちくずしながら、なお自らを棄て得なかったのである。人間のはかなき運命を知りながら、なお自分に無限の愛着を感ずるのであった。（『著作集4』）

小学教員の職に「生き甲斐」を感じたのはうそではないだろうが、「放蕩をきわめた」のも本当であろう。

まえにも触れておいたが、船着場という環境そのものが、ふつうの農村に比べて開放的であったし、兄たちもまた相当な放蕩者だったようだ。

> ……今考えて見ると、私は性の問題については全然無教育であった事に気がつきます。いや無教育どころか、非常な悪教育を環境から与えられていたのです。十六、七歳から遊廓に入りびたっていた兄や、その友達の男女関係は放蕩を極めたものでした。そうした人々の行動や談話に自然に感化されたのでしょう。

と、石川は言いわけがましく『自叙伝』で述べている。

最初の上京がたらい廻しの書生生活であったとすれば、明治三十〔一八九七〕年秋に始まる二度目の上京は、女性関係の失敗史ということになる。

石川が再度の東京遊学を志した動機について、『自叙伝』は、中学教員の検定試験の失敗をあげている。やはり代用教員では身分が不安定なので、正規の資格を取ろうとして、室田小学校の先輩とともに受験したのだが、先輩の方だけ合格し、石川は落第であった。

石川は、高等小学校を卒業後、なかば独学に近いかたちで勉学したためか、あるいは石川の勉強のやり方が個性的であったのか、この中学教員の検定試験にとどまらず、その後に受けた弁護士試験も、高等文官試験もことごとくしくじっている。また受験するつもりでいた司法試験は、試験当日に病気になり、見送らざるをえなくなっており、よくよく試験運のないひとであった。

もし中学の検定試験にパスしていれば、先輩はすぐに前橋中学に奉職しているから、石川もおそらく群馬県下の中学校に職を得ることができたろう。そうなれば再度の東京遊学もなかったにちがいない。人生、なにが幸いするか分らない。

石川の心を東京へ向かわせた遠因には、明治二十九〔一八九六〕年九月の父の死もある。父九十郎は赤痢で亡くなるのだが、父に赤痢をうつしたのは、室田村で赤痢にかかり、山王堂村に帰って来た石川そのひとであった。赤痢患者が下痢のしどおしで室田から高崎まで歩いて出、それから汽車に乗って本庄へ戻ったというのだから、いまでは信じられない話である。

石川も相当に重態だったが、辛うじて一命を取りとめることができた。しかしその身代わりであるかのように、父が発病し、二十日あまりで息を引き取ったのである。六十二歳であった。

父を敬愛してやまなかった石川にしてみれば、その死が大きな衝撃であったことは察するにかたくない。まして父の死の直接の原因が自分だとなれば、耐えがたい思いに苛まれたであろう。室田村へ戻ってからの放蕩も、あるいはその苦しみのなせるわざであったかもしれない。

そのころ、福田友作はやっと実家との折合いがついて、ふたたび東京に出、麴町区飯田町に屋敷をかまえ、石川に上京を促していた。

上京後、石川は福田家の世話になりながら、友人、先輩、親戚を廻り、毎月の学資の約束を取りつけていった。書生づとめでは勉学に身が入らぬことを、身に沁みて感じたのだろう。

やがて、おなじ飯田町にある従弟の下宿に同居することとなり、明治三十一［一八九八］年九月には兄犬三の母校、東京法学院に入学する。

石川自身は「文学か哲学を勉強したかった」のだが、兄弟や友人の猛反対に会い、それでは学資も出ないので、諦めて法律専門の東京法学院に入ったのである。

こうして漸く、待望の学生生活の態勢をととのえた石川は、東京法学院に通うかたわら、英語の力をつけるために、英語専修学校（立教学院分教場）に入り、いままでのおくれを取り戻そうとひたすら勉学に打ち込んだ。

もっとも石川が「教場で鼻血を出すまで」熱中したのは英語の勉強であって、法学院の方にはあまり熱を入れなかったようだ。学資の関係で妥協はしたものの、法律の勉強は本来石川の性に合わなかったのだろう。石川というひとは、そういうところはじつに頑固であった。

福田の家の居候では、もう借金の使いはないにしても、相変わらずの夫婦げんかの仲裁やら、石川を慕う英子の連れ子の面倒にかまけて、勉学に身が入らないだろう、たとえ従弟とふたり三畳一間という劣悪な条件でも、自分の城を構えるにしくはない、ということで下宿を選んだのだが、その下宿屋の縁で石川の運命がまた狂っていくのだから、大都会は魔物である。

運命が狂う第一歩は、明治三十二［一八九九］年正月元旦に、石川らの下宿の親戚筋が催したカルタ会である。石川と従弟は、このカルタ会に招かれ、夜の更けるのも忘れてカルタに興じたのだが、それが縁となって、その家の養子にならないか、という話が持ちあがったのである。

ひょうたんから駒とは、こういうことをいうのだろうか、たまたま同姓だった石川家は、「幾つかの鉱山を持っており、上野公園にパノラマを経営し、銀行の創立を計画」するという事業家で、姓もおなじことだから、いずれ長女と結婚してくれればよい、という条件であった。

貧乏の苦しさをいやというほど嘗めさせられてきた石川青年が、こんなうまい棚からぼた餅のような話に飛びついたのは当然である。飛びつかなかったら、よほどのへそ曲りであろう。金さえ儲かれば、夢でしかなかった洋行だってできる、と聞かされれば、乗らない方がおかしい。

郷里の母や兄も大乗気で、この話はとんとん拍子でまとまった。

私の生活と生活気分とは、こうして俄かに変りました。……私は鉱石見本を携えて横浜に行き、西洋人に売り込むべく奔走したり、試掘権維持のために仙台方面に飛んで行ったり、銀行創立の一委員となって福田友作氏の出資（一万円）を獲得したり、学生の身である私の生活としては余りに横道にそれて行きました。（『自叙伝』）

いままでのコネをフルに活用して、福田に出資させるなど、石川としては上出来といえよう。生真面目な彼はそれだけこの事業に打ち込んでいたのである。

そのころ、福田家は飯田町から当時は東京の郊外だった角筈に越していた。角筈はまだ一面の野原で、「新宿駅も淋しい小さな一軒家」にすぎなかった。

おそらく新銀行設立にからんでいろいろ相談事があったのだろう、石川はしばしば福田家を訪れた。石川が来ると、福田は必ず酒をだしてもてなしてくれた。石川は下戸なので、迷惑でもあったが、福田は酒の相手がほしいので、なかなか帰してくれない。汽車がなくなり、福田家に泊まらざるをえなくなる。そういうことがしばしばあった。

……無理に引留められるのはよいが、夏の夜は蚊帳の中に寝なければならない。魔の影はこの蚊帳の中にひそんでいました。福田夫妻は奥の間に寝て、酒に酔った私は若い娘と英子氏の長男（大井憲太郎の一子）と三人で四畳半の小さな室に一つの蚊帳の中に寝かせられました。その時私は二十三歳、娘は十九の若ざかり、婚約の人がアメリカに行っているので、しばし福田家に托された人。夏の夜の短い夢ではありましたが、若者達の青春の血は漲り注いで醍醐の海を湛えるのでした。

（『自叙伝』）

このくだりは、幸徳らの刑の執行の夜を叙した一節とならんで、『自叙伝』中の白眉といえる。石川は、相当力を込めてこのくだりを書いたにちがいない。

はじめは偶然の結びつきだったが、そのうちにわざわざ泊まらざるをえなくなるように、福田へ行く時間を見計ったというのだから、石川もたちがわるいし、それを拒まずに待っていた娘も娘である。いや、双方とも婚約者のいることを知っていながら、一度ならず若い男女をひとつ蚊帳に寝かせた英子もどうかしている。

なにかすべてが狂っていたとしかおもわれない。そして、その年の暮に福田友作は脳梅毒が高じて発狂した。

暴れ狂う友作の姿を見て、石川の情念はさめていったが、すでに子をみごもった娘の思いは募る一方であった。しかも福田の家は主人を座敷牢に閉じこめなくてはならぬ有様である。まさに地獄の思いであったろう。

友作は翌明治三十三［一九〇〇］年四月二十三日に死去し、それから二週間あまりたった五月十日に、娘が女の子を産んだ。石川のただひとりの実子である。

この子は幸子と名づけられ、兄犬三夫婦に引き取られていく。

ふつうなら、周囲の人びとからも、その誕生を祝福されるはずなのに、親のふしだらのゆえに人目を避けるようにして連れ去られたわが子に対して、どう申し開きをしたらよいか、繊細な石川の神経はふるえ、おののいたにちがいない。

申し開きをしなくてはならないのはわが子だけではない。養子縁組をした石川家とその娘に対しても、けじめをつけなくてはならない。

石川は自分の失敗をひた隠しに隠して、ただひたすら平身低頭して縁組の解消を懇願するばかりであった。それでは石川家の方としては納得がいかないのも当り前である。婚約者の娘もやって来て考えなおすように頼み込んだというが、それがまたさらに石川を苦しめた。

……私は一そ自分の失敗を打明けようかとも思いました。しかし気の弱い偽善の私には、それをどうしても決行し得なかったのです。

と、『自叙伝』では述べられている。

こうしてまことに強引に養子縁組を解消した石川は、もう一方の娘に対しても「甘い考えを持つ訳には行」かなかった。石川の心境としてはそれどころではなかったのだろうが、娘の側からみれば、ずいぶん身勝手な男とみえただろう。やがて石川に見切りをつけて、福田の家を去って行った。

この騒動のそもそもの発端に責任のある福田英子は、終始、石川が娘と結婚することに反対していたが、これもいささか解せないことではある。もともと英子はこの娘に好意をもっていなかったように見受けられる。

一波は万波を呼ぶ、一つの波が消え去ったと思うと、そのあとには幾つもの波が起ってきました。犯した罪から免がれようとする私は、そのために悶え狂って、何処にでも慰安を求めようとする。急の夕立に追いまくられて、どんな木蔭、どんな軒端をも頼みにして駈けよるように、少しでもやさしい異性を見ると、すぐにそれに近づくようになりました。（『自叙伝』）

この騒動があってから、石川は英子とともに、当時評判の高かった海老名弾正の説教を聞きに本郷教会へ行き、やがて洗礼を受けている。救いをキリスト教に求めようとしたのだろう。

だが、石川の悩める魂は、のちにみるように、結局、キリスト教で癒されることはなかった。

二度目に上京してから、石川は同姓の家の十六歳の娘と婚約し、十九歳のべつの娘と結んで子まで生ませた。

しかし、いずれの娘をも愛していたか、といえば、必ずしもそうではない。婚約者とは、いわば立身出世に目がくらんでの約束に近く、大げさにいえば一種の政略結婚である。もうひとりの娘の場合は、もっぱら酒に酔った上での欲情の仕業であって、婚約者の娘に対するほどの愛情ももっていなかったようにおもわれる。

その揚句がこの始末である。石川にしても自分自身にほとほと愛想がつきる思いであっただろうが、それにもかかわらず真実の女の愛を求めずにはおれなかったのである。

そして、それは漸くにして得られるかにみえた。清水澄子（本名は清水しげらしい）との恋愛である。

永遠のベアトリーチェ

石川が清水澄子と出会ったのは、明治三十三［一九〇〇］年の秋ごろとおもわれる。もろもろの不始末の始末が漸くつき、心機一転、勉学に打ち込もうとして間借りした家の次女が澄子であった。

飯田町中坂の近くにあったその家は、年老いた母親とふたりの娘に末の男の子の四人家族で、長女は小学校の教師、長男は中学生、そして澄子はお茶の水の女子高等師範に在学する才媛であった。

女高師は当時、寄宿制なので、澄子は日曜日ごとに家に帰るだけだったが、『自叙伝』の述べるところでは、澄子の方が石川を見染めたことになっている。

……明治三十四年七月、私が法学院を卒業した時には、お赤飯をたき、大きな鯛の頭付きを添えて祝意を表してくれました。その時の母親の言葉に「これは澄子の志しなんですよ」という一語がありました。私ははっと思いました。暑中休暇で高師の寄宿舎から帰った澄子さんがお勝手元で働いているのです。そして静かにこちらを向いて手をついて「お芽出とうございます」という。それは静粛そのものでありました。私は胸のときめくのを抑えて、ただ「有りがとう」と答えたのみでした。（『自叙伝』）

ふたりの「愛の誓い」が交わされたのは、それからまもなくであった。おそらく石川も澄子にひかれていたのだろうが、「敗残の身、汚れた身」といううしろめたさがあって、うじうじしていたのではないだろうか。

澄子さんとの間に愛の誓いが交されたのもその当時でありました。同宿の友は暑中休暇で帰郷したので、一人で二階にいた私は、澄子さんと語り合う時間と自由とを心ゆくまで与えられたのです。しかし過ちを再びおかしてはならない、敗残の身、汚れた身ではあるが、心だけは浄らかにして、この恋を遂げなければならない、こう私は決心しました。私は天国にも登るような嬉しさで真に過去の悩みから救われたことを感じました。

（『自叙伝』）

しかし、澄子にはべつの夢があったようだ。やがては自分の夫が弁護士か高等官になって活躍する日が来るであろう、と。その夢を石川に託したのだから、石川をよく知っていたとは言いがたい。

かの有名な福田英子女史がしばしば石川を訪ねて来たり、政界ではなばなしく活躍中の佐藤虎次郎（旧姓茂木）や粕谷義三（旧姓橋本）の手紙が届いたりするので、こういう有名人たちと交際のある石川もまた、有名人のたまごのように思い込まれたのではないだろうか。弁護士か高等官の資格を取ったら、自分たちの結婚を許してくれるよう、親たちに話すことができる、という澄子の頼みをふたつ返事で引き受けた石川は、心もそぞろに試験地獄に突入する。

まえに述べたように、石川は試験に見放されたようなひとである。現実にうとかったのか、自信が強すぎたのか、とにかく試験に頭をさげる器用さに欠けていた。

……学校になど稀にしか出たことのない私ではあるが、自信だけは持っていました。法律なんていうものは人間の造ったもので、それに頭をつかうのは元来が低能者のすることと、きめていました。安心しきって弁護士試験を受けました。家に帰って、問題と私の答案とを引き合わして見て、無論及第だろうと信じていました。ところが、何ぞ計らん、幾週間の後になっても何の通知も来ないのです。それは何かの間違いだろうと何時までも考えていましたが、遂にあきらめざるを得ませんでした。（『自叙伝』）

その次に受けようとした司法試験には、試験の前に「冷たい牛乳にあてられて大腸カタルに罹り」、大切な試験には行けずじまい、さればと挑戦した高等文官試験では、論文には合格したが、筆記でまた落第、という体たらくであった。

石川とすれば、やっと東京法学院を卒業したからには、一日も早く就職して生活の道を樹てなくてはならなかった。いつまでも合格するあてもない試験を追い廻してはいられなかったのである。

おそらく恋に狂って、試験地獄をのたうちまわっている石川の姿に見かねたのだろう、英子はたまたま隣りに引越していた堺利彦に説得を頼んだ。

「そんな馬鹿気たことは止めたまえ」という堺の「忠告には真実がこもって」いた。石川ははっとわれに帰る思いであった。

こうして石川は堺の忠告をいれて、試験への夢をきれいさっぱり断念し、堺の紹介で萬朝報社に入社、新聞記者への道を進むことになる。明治三十五〔一九〇二〕年のことである。もともと石川は、学校を卒業するまではああいう試験を受けることなぞ、まったく考えていなかった。澄子恋いしさで、試験地獄にはまり込んだようなものだから、受験そのものに未練はなかった。

しかし、澄子との恋の方はそうあっさり棄てられなかった。いや、終生、棄てることはできなかったのである。

清水澄子は、石川が試験を断念して新聞記者になったと知って失望し、やがて病いの床につくようになったという。石川は澄子の弟とはよく会っていたが、澄子自身には、澄子の家を去ってからはほとんど会わなかったらしい。

澄子が病床に伏す身になってからも、石川は見舞いにいきたかったのだが、「澄子さんや母親の心持が、私を快く受け容れてくれるかどうか分らないので思い止ま」ったという。澄子を熱愛していれば、なにはさておいても飛んでいくところだが、あれこれ考えすぎて二の足を踏むのが石川の不幸な性格であった。

こうして、ふたりの間の恋は現実には終りを告げるのだが、石川の心のなかでは逆に日増しに昇華されていく。現実の澄子は恋のためには手鍋さげても男のところへ行こう、というような逞しく、情熱的な女性ではなかったようにおもわれる。むしろ世間体をまず第一に考える、ふつうの女性であったろう。

だが、石川の心に残った澄子はもっと純で、やさしい理想の女性であった。永遠のベアトリーチェであった。石川はそのような澄子を、ずっとその胸に抱きつづけていたのである。

ふたりの恋が終わってから七年たった明治四十二〔一九〇九〕年、石川は帆雨というペンネームで、「脱殻（ぬけがら）」「恋か魔か」という連作を、『世界婦人』に寄せている（『著作集6』）。

この小説で石川は、恋人に死なれた男と恋人に裏切られた女との、いずれも青春に傷ついた過去をもちながら、その過去の忘れがたさのゆえに結ばれようとする機微を描いている。

それだけ読めば、男女の恋情を描いた写実的な作品だが、『自叙伝』と重ね合わせていくと、石川の心情がひしひしと伝わってくる。

たとえば、こんな会話がある。

「ケレど私、どうしても秋庭〔女を裏切った男の名〕の事は忘れられはしませんの、貴方（あなた）も、亡くなつた方を何時までも恋して上（あげ）て下さいね」

「何故ですか」

「何故つて貴方、貴方が、恋の脱殻であればこそ、私の様な大傷を負ふた者も、思ふ存分に打込んで見る気にもなれますわね」

「恋の脱殻」——これが清水澄子との恋を失ったのちの、石川の偽わらざる心境だったのであろう。

「脱殻」の続きの「恋か魔か」には、男の死んだ恋人の写真の話が出てくる。その写真の裏には、「明治卅五年七月六日、君が学校卒業の当日、嬉しき紀念にとて、写し参らす、静江」と書いてあり、その脇に、「明治卅九年一月十五日、夜一夜悶へし朝、吾が腕を枕にして安けく眠る清見静江は永へに吾が妻なり、春雄」と添えてある、ということになっている。

『自叙伝』をみると、石川はヨーロッパ放浪中も、澄子からもらった写真と手記とを「肌身離さず持っていた」というから、この小説にでてくる写真も架空の話ではないだろう。

石川は、それからさらに十五年あまりたった関東大震災で焼けおちた澄子の家を見て、ふかく「この世の無常を感」じ、「そういう記念物を保存するに忍びず、ついに焼き捨ててしまった」のである。

それから大分経ってから私は蘆花公園に徳富蘆花夫人を訪ねた。寒い夜であった。夫人とコタツを囲みながら四方山話につれて、私はこの話を蘆花夫人に物語ると、夫人は別間から母校出身者名簿を取り出してきて、頁をくってみると何ぞ計らん清水澄子という名前は死亡者の仲間に入っていた。家も灰になり、人も灰になり、すべては無より生じて無に帰ったわけだ。さすがに蘆花夫人も「お可哀想に」という一語を発したのみで沈黙が続いた。

（『自叙伝』）

石川というひとは本当に純な少年の魂の持主だったのだ。

Ⅲ　十字架と社会主義

黒岩涙香の秘書として

私は明治三十五、六年の頃一年足らず黒岩さんの秘書をして居りました。丁度『天人論』を書いてゐられる頃で、その原稿を徹夜して清書したことなどもありました。又その『天人論』の哲学問題で夜明まで議論して、夜が明けてから車で家へ送られたと云ふやうなこともありました。その『天人論』を書いてゐるとき黒岩さんのエネルギーの強いことを泌泌感じました。黒岩さんはあんなことを書き乍ら一方では撞球に熱注してゐられて、私にも切りにやれ〳〵と勧められました。けれど元来が内気な私は遂々撞球には手を出しませんでした。一体黒岩さんは家来を持つことが好きな人でしたから、従順に従つてさへゐれば、いくらでも可愛がつてくれる人でした。

（「可愛がつて貰つた黒岩さん」『著作集6』）

涙香黒岩周六の追悼文集『黒岩涙香』（大正十一年〔一九二二〕）に寄せた一文のなかで、石川三四郎は、このように萬朝報時代を回想している。

石川が堺利彦らの紹介で、萬朝報社に入社し、試験地獄の泥沼から這いあがったのは、明治三十五〔一九〇二〕年秋である。

『萬朝報』は、黒岩が明治二十五年〔一八九二〕に創刊した日刊紙で、石川が入社したころは、東京で最大の発行部数を誇り、編集陣には内村鑑三、円城寺天山、幸徳秋水、堺利彦、田岡嶺雲、松井柏軒等々、大家新鋭の花形記者を擁し、いわば最盛期であった。

『時事新報』は紳士の新聞、『日本』は政客の新聞、『読売新聞』は女学生の新聞、そして『萬朝報』は学生の新聞、と当時評されていたとおり、『萬朝報』は青年、学生の間で圧倒的な人気があった。それは社会正義を大上段にふりかざす論調や、黒岩涙香の血湧き肉躍る連載翻訳小説もさることながら、他紙に比べて定価が一番安いのがなによりの魅力となっていた。

大杉栄が上京してはじめて購読したのも『萬朝報』で、それは値段が一番安かったからだ、と『自叙伝』に書いている。

この人気新聞社に就職でき、漸く長い間の念願だった生活の安定を得た石川だが、精神の方はまだ一向に安定するにいたらなかった。そのことはのちに述べるとして、そのまえに、石川と黒岩との関わりについて触れておきたい。

石川が黒岩社長の秘書になったのは二十六歳で、その時、黒岩は四十一歳の働き盛りであった。石川はその回想で、『天人論』を書きながら、一方では撞球に熱中する黒岩のエネルギッシュな活動力に賛辞を呈しているが、年表を繰ると、ちょうどこのころに、ユゴーの「噫無情」が涙香訳で『萬朝報』に連載されている。

いまふうにいうならば、黒岩はマルチ人間だったのだろう。

石川が秘書として手伝った『天人論』は、明治三十六［一九〇三］年五月に初版を刊行、その年のうちに十三版を数えている。この版数は黒岩流の戦法であるかもしれず、にわかに信じがたいが、初版刊行の一週間後に藤村操の有名な投身事件が起こるという偶然も手伝って、当時の哲学青年たちが先を争って読んだベストセラーであったことは間違いない。

黒岩は、もし藤村操が『天人論』を読んでいたら、「人生不可解」の遺書を残して、華厳の滝にその身を投ずることはなかったろう、と豪語し、それがまたこの本の人気をたかめた。だが、『天人論』はベストセラーであると同時にロングセラーでもあった。たまたまわたしの手許にある『天人論』は、大正六［一九一七］年三月の発行だが、四十七版を数えている。奥付にびっしりとならべられた発行年月日の表示をみると、明治三十六［一九〇三］年の十三版は別格として、三十七年以降も毎年三〜五版を重ね、大正六［一九一七］年に及んでいる。その後については分らないが、息長く当時の哲学青年を引きつけた書物でもあったのだ。

このベストセラーにしてロングセラーの著書の最初の読者であり、また協力者であった石川が、その影響を蒙ったとしても不思議はない。たとえば、石川の最初の哲学上の著作である『虚無の霊光』（明治四十一〔一九〇八〕年）の記述のスタイルや構成には、『天人論』をおもわせる箇所がいくつかある。ただし、ベストセラーづくりのコツは学ばなかったようだ。

石川はまもなく、非戦論を唱える幸徳、堺のあとを追って、萬朝報社を去るが、黒岩との関係はその後もずっと続いている。

石川が大逆事件後、ヨーロッパに亡命した折、黒岩は石川を萬朝報社の「特約員」として、ヨーロッパから通信を送らせ、その報酬を福田英子に渡している。村田静子『福田英子』によれば、月額二十円であった。

石川はことばもろくに話せず、定職もなかなか得られず、異国で常に貧乏しながら、せっせと『萬朝報』に通信を送り、福田の生活を助けていたのである。これはなかなかにできることではない。

こういう石川も偉いが、大逆事件後のきびしい弾圧の時代に、あえて石川と特約した萬朝報社社長黒岩周六も立派である。おそらく自分が亡命したあとの福田の生活を心配して、石川が黒岩に頼み込んだのだろうが、かつて自分に背いて平民社に走った元社員の頼みを引受けた黒岩の腹はなかなかに大きい。

もっとも石川三四郎の本名や石川旭山というかつての筆名を用いることはさすがに憚られた。別の筆名をつけることとなり、その命名は萬朝報社の編集局長斯波貞吉に一任された。そこで生まれたのが「不盡」である。それは「石川や浜の真砂はつきるとも世に泥棒の数はつきまじ」という有名な大泥棒石川五右衛門の歌と伝えられるものから取ったのである。社会主義者を泥棒に托しての抵抗の意をひそかに込めたものか、あるいはおなじ石川姓ということでつけたのか、斯波の意図は分らないが、石川はこの号がお気に入りで、『萬朝報』ではもちろんだが、その他でも時々用い、自分の随想集の書名（『不盡想望』）や自分のすまいの名前（不盡草房）にも冠している。

「いささか犬王だね」

ちょうど『天人論』が公刊された明治三十六［一九〇三］年五月前後から、日露両国間の緊張はたかまり、「ロシア討つべし」の開戦論が世論を沸かせはじめた。対露強硬策を唱えたいわゆる七博士事件が起こったのはその年の六月である。

滔々たる開戦論に抗して、少数の非戦論者も黙ってはいなかった。内村鑑三はキリスト者の立場から、堺利彦、幸徳秋水、木下尚江らは社会主義者の立場から、それぞれ非戦論を唱えた。

このうち、内村は萬朝報社の客員、堺、幸徳は記者であり、一方、社長の黒岩、主筆の円城寺らは積極的な開戦論者であった。

こうして萬朝報の社内でも、開戦か非戦かをめぐって激しい議論がたたかわされたが、大勢に抗するすべもなく、十月、内村、堺、幸徳は萬朝報社を去っていく。

十月十二日付の『萬朝報』一面に、内村ひとりと堺、幸徳連名との、二つの「退社の辞」が掲載され、それがまた当時の学生、インテリに拍手をもって迎えられた。

主張を異にして去っていく社員の「退社の辞」を、堂々と一面に載せるような自由は、いまでは全く考えられないことである。

その時、石川はどうしていたのだろうか。

……まだ記者の卵で、しかも黒岩の秘書であった私は、ひそかに非戦論に共鳴しながら、堺、幸徳等の行動に羨望の情を注ぐだけでありました。

と、『自叙伝』にみえる。

石川が内村鑑三と出会ったのは、やはり萬朝報社に入社してからで、そのころ石川は本郷教会で洗礼を受け、海老名弾正に師事していた。しかし、おなじキリスト者として、内村からも教えられるところがあったようだ。

とくに、この時、海老名は開戦論の立場にあったことから、石川としては、職をなげうって信仰に生きた内村の「毅然たる態度」に深く感動したらしい。

石川が平民社に入ってからのちのことだが、萬朝報社をやめて収入の道を絶たれ、貧乏に苦しみながら著わした内村の『角筈聖書ヨブ記（注解）巻の一』に、『平民新聞』紙上で、石川は次のような賛辞を送っている。

……然り、人生絶大の悲劇より基督教の真義を発見せんとしたるは実に此の書なり、内村先生の想見と、文章と、近時漸く矯激尖鋭を脱して温健円熟に達す、しかも感興り気充ちて言語に迸しるの時、其沈痛にして熱烈なる、我が基督教界独り先生あるを見る。

（「内村さんの思い出」『著作集6』）

おそらくこの時の石川の非戦の立場は、堺、幸徳よりは内村の方に近かったはずだが、萬朝報社をやめ、非戦と社会主義を掲げて平民社を興した堺から応援を求められた石川は、ためらうことなく平民社に飛び込んでいく。

どうも石川は考えてから歩き出すのではなく、考えるまえに歩きだし、あとで後悔することの多いひとである。洋行の夢につられて、石川家と養子縁組をした時もそうだし、清水澄子に懇請されて試験地獄にはまり込んだ時もそうである。

そして、こんどの平民社入りも、堺、幸徳の悲壮な旗上げへの感激が先に立ち、あとさきを省みずに萬朝報社を辞した、とみられるふしがある。打算ができず、純情なのである。

週刊『平民新聞』第三号（明治三十六〔一九〇三〕年十一月二十九日）に載った、「予、平民社に入る」と題する入社のことばには、その折の石川の心境がにじみでている。

予今平民社に入る、入らざるを得ざるもの存する也、何ぞや、曰く夫（か）の主義てふものあり、夫の理想てふものあり、然りと雖も予の自ら禁ずる能はざるものは啻（ただ）に是れのみに非ず、否寧ろ他に在て存する也、堺、幸徳、両先輩の心情（ハート）即ち是れのみ、彼の南洲をして一寒僧と相抱きて海に投ぜしめしは是れに非ずや、彼の荊軻（けいか）をして一太子の為めに殉せしめしは是れに非ずや、徒らに理想と言ふ勿れ、主義と呼ぶ勿れ、吾は衷心天来の鼓吹を聞けり、曰く人生意気に感ずと、

（『著作集1』）

ふつうの青年であれば、このような場合、威勢よく非戦の弁のひとつもぶつだろうが、石川はそうではない。「主義」や「理想」は二の次であって、堺、幸徳という先輩への心のつながりが第一だと、明言している。

まことに率直な心情の吐露ではあるが、読み方によっては、わたしは決して先輩たちの主

義（社会主義）に共鳴して平民社に入ったのではありませんよ、と一本釘をさしているわけで、率直なようで屈折した表明になっている。

石川自身、『自叙伝』でこの文章について、次のように回想している。

> まことに不思議な文章です。萬朝報の編集局長松井柏軒氏などは素晴しい名文だとほめてくれたのですが、今日では私自身でさえ、別世界の人の言葉としか思えないから、他人様はさぞ不可解に感じられるでありましょう。しかし、よくよく咀嚼して見ると、耶蘇教でもなく、社会主義でもない私自身のその時の心情がにじみ出ていると思います。おそろしく古風な、しかもかなりにひねくれた心の持ち方が現われています。これは恐らく少年時代の古い型の先輩達から受けた感化と、有為転変のはげしい浪に翻弄されてきた生活環境から育成された性格でありましょう。まことに自ら醜いとは思うのですが、未だにこれを脱却し得ないのです。

石川らしく謙虚な言いようである。たしかに古風で、ひねくれた「心の持ち方」といっていえないことはないだろうが、言い方を変えれば、世間にうまく適応できない自分をかたくなに守ろうとする姿勢ということになる。

すでにみてきたように、少年時代から石川は「有為転変のはげしい浪に翻弄されてきた」。

だからふつうなら世馴れたおとなになって不思議はない。ところが、石川は一向に世馴れたおとなに成長せず、頑固に純な少年の魂に執着する。世間のしきたりと純な魂との間に生じる葛藤のドラマを繰り返しながら、石川の魂はたかめられていくのである。

一時の感激で平民社に飛び込んではみたものの、時がたつにつれて、「唯物論的社会主義」が主流の社中で、石川は「些かの心理的摩擦を覚え」はじめる。

とりわけ理論家をもって任じる幸徳は、石川のキリスト教的な傾向が目ざわりで、真向から論争を挑んだらしい。おそらく議論では、信仰家の石川は幸徳に太刀打ちできなかっただろうが、たとえ議論で負けても信仰が変わるような石川ではない。

この不毛で、果てしない論争をしめくくる役目は、実際家の堺であった。堺はいつもふたりの間に入って、「儒・仏・耶すべてがよろしいと」、ふたりを「まるめるので」あった。石川は堺とは心に通じ合うものがあり、堺もまた後輩の石川を可愛がっていたが、どうも幸徳とは心底手を握り合う間柄にはなれなかったようだ。

平民社での仕事は目まぐるしかった。取材から編集、製作、発送と新聞の業務一般に加えて、内外の集会、演説会のような宣伝、組織活動、ややおくれては弾圧に対処する救援活動など、運動が拡がれば拡がるだけ、どんどん仕事はふえていった。

石川はいわば中堅幹部という役どころで活躍を期待されたのだが、このような環境の激変に加えて、社中での「心理的摩擦」が重なったためか、しばらく鎮っていた恋の病いが再発した。『自叙伝』が語るところでは、かなり重症だったように見受けられる。

銀座など散歩して、二十歳前後の娘さんに行き会うと、私は無意識にその娘さんに視線を奪われて、まわれ右までして、それをじっと見おくるのでありました。銀座などを行けば、その頃でも行き交う娘さんは数多くありました。私の散歩は多忙でした。電車に乗っても同じことでした。三銭均一（当時の電車賃）で恋をする、なんて冗談を言いました。然し私の心は寂しさに堪えられなかったのです。私の脳裏にある澄子さんの姿が、行き会う娘さんの上に投影して、それが私の魂をひっさらうのでありました。そして、一瞬の後には、その幻影は忽ち消えて、ただ寂しさのみが私の周囲を閉すのでありました。馬鹿馬鹿しいが仕方がなかったのです。

こうした精神状態のために、運動に専念することができず、集会や演説会にはめったに顔を出さない有様であった。おそらく社中の同志たちから苦情が出たのだろう、兄貴分の堺が石川を呼んで懇々と諭すのだが、それに対しても石川は素直に兄貴の忠告を受けいれることができなかった。

平民社にちょくちょく顔を出していた山路愛山が、石川の様子を耳にして、「それはいささか犬王だね」といったのは、そのころであろう。犬王とは犭(けもの)へんに王、つまり狂にほかならない。石川はその後、自分で「犬王」という筆名を使い始め、それが平民社の仲間にひろがっていく。その間の事情を、石川は翌年六月の『直言』紙上で披露しているが、その時はもう犬王症候は納まっていたのだろう。

読者諸君は『直言』紙上で時々「犬王」といふ署名を御覧でしやう。「石犬王」だの、「荒犬王」だの、随分奇妙な名があると感じられたでしやう。抑も犬王とはドウいふ意味合ひの文字かといふに、之は其初め山路愛山氏から伝はつた発明なそうだが、「ケモノ扁」（即ち犬）と「王」のツクリで出来た「狂」といふ字から出たのです。即ちヘンの犬とツクリの王とを離して「犬王」といふのです。

ソレなら「犬王」とは誰の別名かと言ふに、其初めは実は僕のであつた。僕、昨年中、少しく苦悶の合囲に閉されて居つたが、其が為めか僕も少々狂的な所があつたと見え、秋水兄などには「君は余程犬王だネー」なぞと冷かされるのが屢々であつた。ソウなつて見ると、僕は私かに此の「犬王」といふ名が懐かしうなつて来て、到頭自ら此名を冠むるに至りました。

所が此の犬王に色々な種類が出来て、平民社の中でも、松岡さんは天才的犬王で、僕は凡人的犬王だそうです。又た荒畑君なぞは自ら「荒犬王」と称し、山口君に「山犬王」の名を呈するなどゝ言ふて居る。それでは僕も此等の諸犬王に対して差別を付けねばならんので、「石犬王」と称すに至ったのです。（「平民社より」『著作集6』）

もっとも平民社内で「犬王」が流行したのは、恋の病いが蔓延したからではなく、ちょうど幕末に山縣有朋が自ら狂介と名乗ったように、時流に抗する改革者の心意気を示したかったからであろう。

ところで、石川の犬王症候は、明治三十七［一九〇四］年八月、「自由恋愛私見」（『著作集1』）を書いたころがピークであったようにおもわれる。この小論は、週刊『平民新聞』第四十五号（明治三十七［一九〇四］年九月十八日）に発表され、社の内外に大きな反響をよんだ。社内では幸徳や西川光二郎が「こんな文章を出すと読者の志気を弱める」と、きびしく非難するし、社外ではおもにクリスチャン系の読者からの抗議が殺到したという。

石川はまたおなじころ、本郷教会の日曜日の夜の伝道説教で同趣旨の説教を試み、海老名弾正の不興を買い、それ以後、本郷教会を離れている。その日の朝の海老名の説教のテーマが「貞操論」だったので、石川はそれに反論したかたちになったのである。石川とて、あえて師に反論するつもりはなかったのだろうが、頭のなかが自分の問題で一杯であり、他のひとの動きに気を配るゆとりを失っていたのである。そういう意味では、まさに犬王だったといわれても仕方がない。

「自由恋愛私見」は、イギリスの社会主義者ブラッチフォードの所論に示唆されて書かれたといぅが、そこには石川の本音がよく現われている。たとえば相思相愛の甲男乙女がいるとして、甲男が丙女に浮気心でなく、愛を移す事態が生じたらどうするか、それでは乙女の愛の自由は奪われ、恋愛の自由は成り立たぬではないか、と問うて、それはやむをえない、そこから「先は神の為さしむる処」なのだから、乙女は神にすがって安心を得るほかない、だからひとは宗教なしでは生きられないのだ、と論じている。

これは明らかに石川が自分に言い聞かせ、自分で実行しようとしてきたところであろう。また、恋愛と婚姻あるいは性交とを区別し、恋愛が婚姻となり、性交に至るからといって、その逆、つまり婚姻や性交がなければ恋愛は成り立たぬ、ということにならない、として、プラトニック・ラヴを擁護している。

この理屈をさらに逆転させれば、婚姻や性交をしたからといって、それと恋愛とはべつである、ということにもなる。石川のその後の女性との関係は、この理屈にそって行われたのかもしれない。

犬王症候が頂点に達し、心身ともに消耗し果てた石川は、九月に入って小田原にある加藤病院分院に入院する。院長加藤時次郎は平民社の客員であった。

……この別荘に滞在中、平生たしなむ水泳を試みようと、裸体になって、浪うつ浜辺に足を入れては見たが、何かしら寄せくる浪の姿の怖ろしさに戦慄して、深入りする

ことができませんでした。死の一歩手前にあることを無意識のうちに感じたのであり
ましょうか。いまだにその時の心持のいかにも病的であったことが忘れられません。

（『自叙伝』）

この分院にいたのは十日余りだが、その後も郷里に帰って静養につとめた石川は、やっと
この心身の危機を乗り越えることができた。十一月半ばから、ふたたび石川は平民社に戻り、
活動を始めている。

しかしこの犬王症候が石川の魂の成長に及ぼした影響は甚大であった。それ以後、石川は
ますます「内省的になり、思索的生活に傾いて行った」。

そしてそれは平民社の大勢とはますますかけはなれていく方向であった。石川は普通選挙
請願運動の代表に名を連ねることもあり、平民社の仲間たちと一緒に馳けずり廻りもしたが、
そういう政治運動になじむことはどうしてもできなかった。

……ある時、幸徳と堺と揃って世間話をしていた際に、
「これから普通選挙が実施される時代もくるだろうが、その時代に最も幸福な境涯に立
つものは石川君、君等だよ」
と幸徳が唱え、堺がそれに和するのでした。そんな言葉を聞くとやっぱりこの人達は政

治家なんだと神経的にいや気がさすのでした。（『自叙伝』）

たしかに石川は「大病」であった。しかしその「大病」を活かすことで、石川は一段階自分の魂をたかめることができたのである。

飛躍する魂——徳富蘆花

明治三十六［一九〇三］年十月に創刊された週刊『平民新聞』は、一部の熱烈な支持を得たけれども、相次ぐ発売禁止、幹部の入獄といったきびしい弾圧にさらされ、明治三十八［一九〇五］年二月に『直言』と衣替えをして延命を計ったが、それも長くは続かず、加えて平民社内の不一致が表面化し始めたために、ついに解散へと追い込まれていった。同年十月のことである。

平民社は非戦、社会主義運動の拠点であると同時に、社員の日々の暮しの基盤でもあった。だから平民社の解散は社員にとっては失業をも意味していた。

さて、どうするか。幸徳はアメリカへ渡り、堺は由分社を興すなど、大方の身の振り方は決っており、決っていないのは石川ひとりであった。

予は今ま独身の生活を送り居る為め別に繋累といふものが無いので、非常なる困難を感ずる訳でも無いが、さりとて今ま平民社が解散しては、サシずめ途方に暮れざるを得ぬ。社会党と聞いては何処へ行つても雇うては呉れず、独立の事業をするには力は無し、又た随分疲れては居るし、ドウせうか、ア、せうかと談り合ふ中に、沈黙して居た木下兄が口を開いて「旭山！ 大いにヤレよ」と言ふ。ヤレと言ふた所で、何をやるのかね、下宿屋でもヤラうかと問へば、「イヤそうでは無い、雑誌を発行しないか、クリスチャン、ソーシアリズムのを……」と答ふ。

少しく基督教的の運動を試みたいと言ふことは予の予(かね)ての宿志で、それには尚ほ閑散の地に居りて一、二年間基督教の研究と修養とを積みたいといふ考へであつた、処が平民社は解散の已む無きに至る。一身の所置は早速に定めねばならぬと謂ふ場合に立至る、ソコに木下兄の此の勧告に接した。其の上に兄自らも責任を負ふて筆を執て呉れると言ふのだ。予は「ソレならば！……」と心機を転じて木下兄の勧告に従ふこと〻なつた。

（「本誌発行に就ての所感」『著作集1』）

こうして木下尚江の全面的なバックアップのもとに、『新紀元』は明治三十八［一九〇五］年十一月、創刊の運びとなる。

当初は木下だけでなく、安部磯雄、徳富蘆花、田添鉄二らの錚々たる顔触れが協力を約束してくれ、石川も「コレなら大丈夫」と、大いに意を強くしていた。

とくに蘆花は、「黒潮第二篇」の連載を快諾し、これが『新紀元』のいわば目玉になるはずであった。ところが、そのころから、蘆花自身の「魂の飛躍時代」(石川の命名)が始まり、目玉の「黒潮第二篇」の原稿は、一回分が送られただけで、打ち切りになった。

石川が蘆花に会ったのはこの時が最初で、木下に連れられて、原宿の蘆花邸を訪れたのである。「小庭に優しいコスモスの花が咲き乱れてゐたことを今も憶えてゐる」と、のちに石川は「魂の飛躍時代」(『蘆花全集附録落穂』第三号 昭和三[一九二八]年十二月)で回想している。

然るに其「黒潮」は「新紀元」第二号に掲載されたが、続稿は送られなかつた。そして其代りに「懺悔」と題する長文の告白を自分で持つて来られた。それは翌年一月の『新紀元』第三号に掲載すべく既に印刷所に送られたのであつたが、一両日の後徳富兄は再び急ぎ来訪して其撤回を要求せられた。それは非常な感激に充ちた長大論文であり、告白文であつた。当時の非戦論に関する意見、家兄と和睦するに至つた心情、富士山上に暴風雨に遭つて気絶し、心身ともに大死一番して更生の眼を開いた事情なぞ、血の滴る様な苦闘と懺悔の経過が眼の当りに見る様に認められてゐた。その傑作をむざ〳〵闇に葬りさるのは、如何にも残念であつたが、如何とも致方がなかつた。その原稿を取り戻しに来られた時の同兄の緊張した様を見ると、それは容易なことではないと思はれたので、私は直ぐに返送すべきことを約束して同兄を送り出した。其時の同兄の緊張振りといふものは今尚、明々と私の眼に残つてゐる。

昭和三〔一九二八〕年、『蘆花全集』全二十巻が企画された折に、石川は蘆花夫人愛子にこの原稿が保存されていないかと、さがしてもらったが、見つからなかったという。おそらく蘆花の手で灰にされてしまったのだろう。

それからまもなく蘆花は原宿の家を引き払い、翌明治三十九〔一九〇六〕年一月には、群馬県伊香保に逗留するのだが、伊香保から石川に一書を送っており、その一部が「魂の飛躍時代」に引かれている。

「今は大兄初め諸兄に対して兄弟よと呼ぶを得る身となりたれど、昨年十二月の中旬までは、小生は猶恐ろしき罪人なりき、「懺悔」の一文を大兄に齎らしゝ其時迄は猶悪魔の配下を脱する能はざりき、然れども広大無辺の父なる神の愛によりて、小生は生後三十八年、授洗後二十年にして復活し、むしろ新に生るゝを得たり、最早天下何人に向つても自家の面をそむくるを要せず、至愛の神讃むべきかな」

「大兄幸に小生の為に祈れ、小生もまた大兄並に其事業の為に祈る、黒潮何ものぞ、蘆花生何ものぞ」

傍若無人といえばいえるし、傲慢無礼といえばいえる手紙だが、再生に賭ける蘆花のすさまじいまでの情念が読む者の心を圧倒し、得心させるのであろう。

蘆花はその後まもなく愛子夫人を伴って、トルストイを訪ねるべく日本を離れ、蘆花という号を捨てている。

石川には蘆花の飛躍する魂に共鳴するところがあったのであろう、さきほどの回想文を次のようにしめくくっている。

此手紙にある様なことは、今時の若い者には些かも共鳴するところが無いかも知れない。が、あの頃の日本の精神界は醱酵してゐた。殊に青年の魂が飛躍してゐた。そして徳富氏のかうした激変に動かされて日本の若い魂が革命した有様といふものは、それは実に悽愴を極めたのであつた。今日世に送り出される蘆花全集、此浩瀚な全集を読んで徳富氏の魂の烈光に接することは容易なことではないと思ふ。が、さりとて今は此全集に依るほかに道はない。徳富氏の魂の長成を観るにも、其魂の芳烈な香に接するにも、今はたゞ此全集を通してのみ可能である。若し読者にして真に心眼を開いて此書を繙いたなら、その一隻語、一片句と雖ども悉く光明でないものはなからう。宇宙創造の美魂は一片の花瓣にも宿つてゐる。全集二十巻、実は一輪の無駄花もない筈だ。

飛躍する魂――木下尚江

ところで、魂が飛躍しつつあったのはひとり蘆花だけではなかった。『新紀元』の仕掛人であり、最も有力な後見人であった木下尚江もまた、『新紀元』が創刊されてまもなく、精神に動揺を来たしはじめる。

いや、当の石川自身も、『新紀元』の運動を進めていくなかで、ひとつの大きな山を越えるのだが、そのことは節を改めて述べることとして、ここでは石川と木下との関わりをみておこう。

石川が木下に「初めて直接に会つたのは明治三十五年」であった。当時、木下は毎日新聞の記者で、萬朝報が主催していた理想団という社会事業の花形弁士でもあった。そしてその木下に講演を依頼したり、謝礼を届けたりするのが、萬朝報社の社員で、理想団の事務員でもあった石川だった。

「あの頃、君の顔を見るのが楽しみだつたよ」
と後日の彼は私に述懐した。
「僕の顔……とは些か語弊があるね。『金一封』の顔を見て……といふ方が科学的だよ」
と私は答へるのであつた。

と、石川は「木下尚江を想ふ」（『科学ペン』昭和十三〔一九三八〕年一月号）で、回想している。木下は平民社の有力な相談役であり、寄稿者であり、弁士であったから、平民社時代も当然、石川は木下と往来があったはずだし、石川が犬王症候を呈した時にも、なんらかの対応があったとおもわれるが、『自叙伝』には触れられていない。

石川が木下ととりわけ親密な間柄になるのは、『新紀元』が、木下の音頭取りでスタートしてからで、木下が田中正造を石川に引き合わせた出会いは非常に大きい。次節で述べるように、石川はそこで始めて、師と呼べるひとに出会うのである。

木下はよく石川に「おれは脇役で、仕手ではない」と言っていたというが、石川との関わりの上でも、そうだったようだ。

だが、このころから、木下の回心が始まる。明治三十九〔一九〇六〕年四月十四日付の石川にあてた木下の手紙に、その一端が示されている。

拝復
雑誌〔『新紀元』〕売行の悪しきはもとより雑誌の悪しき故也、雑誌の悪しきは我等の力の足らざる也、我等大に反省し大に発憤せざるべからず
何処までも奮闘せざるべからず、然れ共焦慮すべからず、焦慮は誠に益なし
我等の力の堪ゆるだけの雑誌を作る他に道なければ也
　僕は今年に入りてより身心共に常に聊か異状あり、非常なる懶惰の月日を送り来たれり、然れ共も近日前途に新光明を見るの心地す、大に奮戦激闘せんと欲す、貴兄亦た幸に大奮発を為也
来月分はヅラマ〔「此処も浮世」か〕の処女作を試みんかと存居候
明日は前橋へ行く筈、上州の山霊に浴して椽大の筆を揮はん
　四月十四日
木下尚江
　石川兄
徳富君の洋行誠に可なり　羨むべし

この翌月に木下は母を失う。木下にとって母は至上の存在であった。これまでさんざん苦労をかけた母に、功成り、名遂げた息子の晴れ姿を見せたい、という強烈な思いが、木下の活動のバネになっていたらしい。

石川にも、母を思い、讃える文章（「獄中の私を励ましてくれた母」『著作集1』）があるし、幸徳の母への傾倒は有名だが、木下の場合はいまふうにいえば、まさに究極の孝子である。

母の死によって拍車をかけられた木下の回心は、

『新紀元』は一個の偽善者なりき、彼は同時に二人の主君に奉事せんことを欲したる二心の佞臣（ねいしん）なりき、彼は同時に二人の情夫を操縦せんことを企てたる多淫の娼婦なりき、（後略）

（「慚謝の辞」『新紀元』第十三号　明治三十九［一九〇六］年十一月十日）

と、放言して、『新紀元』を葬ってしまうまでにいたる。

要するに、キリスト教と社会主義を両立させようなどというのは、そもそも間違いもはなはだしいことなのだ、というに尽きるのである。一年まえに、「クリスチャン・ソーシアリズム」の雑誌をやれよ、と石川をけしかけたことなぞ、けろりと忘れている風情で、温厚な石川もさすがに腹にすえかねるところがあったようだ。

まことに傍若無人の態度で、「慚謝」の心情など些かも窺われない放言でありますが、ここが木下の人柄とでも言うべきでありましょう。一年間、熱心に、『新紀元』に応援または協力してきた青年同志達は或いは失望し、或いは憤激し或いは呆れたが、どうすることも出来ませんでした。木下はいつもこうした性格を持ちつづけていたようです。偉大な天才でしたが、こうした性格から、よき同志を発見し得なかったので、その才能を充分に発揮し得なかったのだと思います。

と、『自叙伝』に記している。

その後、木下は伊香保山中に籠ったりするが、石川との縁はまだ切れてはいない。石川は木下の誘いに甘えて、木下の文集『野人語』第三（明治四十四［一九一一］年）に、「哲人カーペンター」を寄稿し、木下はその翌年に石川が刊行した『哲人カアペンター』に跋文を寄せたりしている。

しかし、そのころから木下は西田天香や岡田虎二郎の下に赴き、石川とは疎遠になっていった。石川にとって、西田や岡田は敬服できない人物と映った。

……殊に木下が岡田を先生と呼ぶのを見ては憤懣に堪へなかつた。私はこれ等の人々を山師だとまで罵つたが、木下はそれを甚だ喜ばなかつた。私から見れば、天香よりも虎二郎よりも尚江は遥かに尊く、愛すべき人物であつた。

と、さきの「木下尚江を想ふ」のなかで、石川は書いている。

大正二〔一九一三〕年、石川が日本を脱走した時も、大正九〔一九二〇〕年、帰国した時も、木下はあまり喜ばなかった。

……けれども私が一切の政治運動を排撃してアナルシイを主張するのを見て、再び昔の私を見出した如く、頻りに私との会談に喜びを求めるやうになつた。

（「木下尚江を想ふ」）

次の三通の木下の葉書は、石川の思い出を裏づけるものといえよう。

『土の権威』ヲ読テ君ノ態度、髣髴（ほうふつ）解得甚タ不堪愉快、君ハ科学ニ立チ僕ハ空想、此ノ如ンバ友人トシテ終ニ衝突ノ恐ナシ安心々々、小生其後共学パンフレットノ購読者トナルベシ

（昭和二年九月二日夕）

オレハ君ノ『非進化論ト人生』ヲ耽読中ダガ君ガ音楽舞踊美術一切ニ渉ツテ観賞眼批

評眼ノアルニ驚歎スル、オレハ全クノ盲目ダ従テ毫モ興味ガ無イ成程『冥目黙生』是レガオレノ運命ダ今モ君ノ文章ヲ誦シツ、ツク〱ト感ジタ　九月三十日夕

（昭和二年九月三十日）

パンフレット第三（『無政府主義とサンヂカリスム』）拝読、オカゲデ種々智識ヲ得タ、斯ウ云フ風ニ書イテ貰ヘルト我等無学者ニモ能クワカル多謝

此程吉祥寺ノ野ニテ写生
尾花ガ原ソヨ風渡リ、青空ノ不二ノ雪山朝日カヾヤク　十一月二十二日

（昭和二年十一月二十二日）

翌昭和三［一九二八］年には、木下は石川の説得を受け入れ、明治四十五［一九一二］年に筆を折って以来、再三の勧誘を退けてきた旧著の復刊を承諾し、さらに自分の著作集の編集を石川に一任する。木下の石川への信頼は完全に復活したのである。

最後に一通、木下が没する半年前に書かれた葉書を添えておこう。「昭和十二年六月十三日朝」と日付のあるこの葉書には、二輪のバラの花が墨で描かれ、左側に「庭前紅白ノ薔薇」とあり、木下の朱印が押され、右側に「クロポトキンノ倫理学ヲ読ンテ居ルカ実ニ大

シタモノダ」と書かれている。

師田中正造とともに

明治三十八［一九〇五］年十一月、石川は淀橋町角筈の自宅に新紀元社の看板を掲げた。

……その家は今の新宿駅のすぐ近くで、荻窪へ行く電車がガード下をくぐって西方に出たところの左側にありました。小さな門を奥深く入った藁ぶき屋根の六畳、三畳、二畳という小さな家でした。（『自叙伝』）

新紀元社は雑誌『新紀元』を月一回刊行するかたわら、「毎週一回日曜説教を行い、毎月一回社員及び社友の晩餐会を行い、隔週一回聖書研究会」を開催した。常連は十名前後で、これらの青年たちが石川を支えて、『新紀元』を盛り立てていったのである。

石川は、創刊号（明治三十八［一九〇五］年十一月十日）に載せた「本誌発行に就ての所感」で、詳細に『新紀元』発刊に至るまでの経過と覚悟とを語っている。当り前のことだが、平民社への入社のことばとはまるで違う。

冒頭の部分はすでに引用しておいたが、そのあと石川は平民社での苦闘に触れ、次のように率直に述べている。

> ▲……予は白状する、予が平民社に入り、社会運動に投じてより、又た同時に予が一身上の一問題に遭遇した為に、予は自己の信仰の力が甚だ薄弱なることを覚えた。否な予は予の一身に内外より襲ひ来れる苦悩と戦ふの力が無かつたのである。而して予が平民社生活の前半の一年は、実に殆んど暗黒の中に彷（さまよ）ふて居たのである。（中略）
> ▲されど本年に入りてより、少しづゝは心ろ自ら平安に赴きつゝありし如くに思はれる。幼年の頃には、豁然（かつぜん）として頓悟しやうとか、一夜の内に絶対の平安を得やうとか云ふて、随分焦心したこともあつたが、今日に於て之を見れば、其れは甚だ薄弱にして且つ危険なるものであつたと思はれる。されば今日では、如何にも歯痒い様ではあるが、吾等如き凡夫には、努力して努力して、一歩又た一歩と、一段づゝ階段を昇つて行く外に道は無いものと心に定めた。処が、そう定めて見ると、案外に早く平安にも赴き、光明にも接することが出来る様な心地がして来た。

『新紀元』がスタートした時の石川の魂はこのように一応の安定を保っていた。しかし、それがなおきわめて底の浅い、不安定なものであることに、石川はやがて気づき、さらに一とび飛躍するのである。

だが、この石川の魂の飛躍を述べるまえに、石川をそこへ導いていった師田中正造との出会いが語られなくてはならない。

石川がいつ初めて田中正造と出会ったかを特定するのはむずかしい。平民社のころ、平民社かあるいはどこかの演説会場で会っている公算は十分にあるが、それを裏づける史料は今のところ見つからない。

ひょっとすれば萬朝報時代かそれ以前に、やはり演説会で田中の風貌に接したかもしれないが、いずれにしてもそれは弁士対一聴衆の関係を越えるものではなかったろう。

石川が田中を本当に知り、ついに田中を師と呼ぶに至るには、新紀元社の発足を待たなければならなかった。

大鹿卓『谷中村事件』によると、新紀元社が発足するまえに谷中村を訪れた木下は、足尾鉱毒事件以来、参謀長格で働いていた左部(さとり)彦次郎までが栃木県当局に買収され、手不足に往生している、と田中から相談を受けていた。そこで新紀元社に手伝いに来ていた加藤安世青年を推薦したという。この推薦については、もちろん石川も話に乗っていただろう。

加藤は、加藤一骨のペンネームで『新紀元』に谷中村の状況を報ずるとともに、谷中村と新紀元社、ひいては東京とを結ぶパイプ役をも務めていたらしい。百聞は一見にしかず、が足尾鉱毒事件以来の田中の世論喚起のやり方で、つねに現地視察を呼びかけているが、石川が逸見斧吉とともに初めて谷中村を訪れたのは、おそらく加藤青年の橋渡しによってであろう。明治三十九［一九〇六］年三月三十日のことである。

その日の感動を、石川は「三度谷中村を訪ふ」（『新紀元』第八号　明治三十九［一九〇六］年六月）で、次のように報じている。三月三十日を皮切りに、石川は、四月二十八日、五月二十二日と毎月、谷中村へ出向くのである。

△第一回の訪問の時は、三里の堤防を廻らしたる全村茫寞たる平野、堤防の一角より之を見渡せば、暴戻なる政府の為めに破壊せられたる民家の跡が累々として左方右方に惨状を呈して居た、殊に緑の若葉未だ萌発するに至らず、荒蕪の儘に棄てられたる枯野の淋しさは一眼見てさへ身に浸むばかりであつた。

△川鍋氏方に加藤安世君を訪ひ、其より同君の指導にて全村を一周し、更に破堤修築の事業に専心し居る村の老若男女と、之を督励する田中翁とを訪ひ、田中翁の説明を聞きながら、同村買収事務所のある藤岡町に行つた、昼飯を同町に喫して、茲に踵を廻らして再び修築の場所に帰り、民衆が業務を終るを待つた、予は此時、若き婦人までが、元気よく働き居るを目撃して、深き深き同情の涙に咽んだのである、あゝ何等の悪漢ぞ、あゝ何等の無情漢ぞ、此の優しき乙女の小さき胸に迸しる愛村の血潮の如何に尊きか

を知らざるとは。
△彼等は其日の事業を終へて一所に集つた、予は黙して帰るに忍びずして、堤防の上より一場の演説を試みて彼等と袂を分つた。
(『著作集1』)

四月二十二日、石川の要請に応えて、田中は上京し、月例の新紀元講演会で、「土地兼併の罪悪」と題する大演説をぶった。会場は神田美土代町の日本基督教会堂である。『新紀元』第七号(明治三十九〔一九〇六〕年五月)は、「演壇の田中翁」と題する挿図入りで、講演全文を十九ページにわたって掲載するとともに、次のような記事を添えている。

△四月二十二日、腐敗堕落滔々たる日本の社会に於て、独り巨岩の如く立てる義人田中正造翁は、我が新紀元講演に来つて訣別演説を試みられた、此日午後二時開会、翁が来着を待つの間、木下、石川両兄は順次に登壇して翁が苦戦の有様、谷中村の窮状、行政の暴悪なることなどを訴へた、来聴者は犇々(ひしひし)と詰めかけて階上階下ギッシリ一ぱい。
△聴衆が待焦れて居る所に「田中さんが」と叫ぶものがあつた、一同入口に振り向ひて、急霰の如き拍手はバチ〳〵、木下兄は出で迎へ、翁と相擁して暫し無言、傍で見てさい(ママ)感慨無量であつた、翁は疲労の老体を提げて直に壇に立つ、結髪白鬚、赧面童顔、

黒の羽織、黒の綿入、黒の袴、例の大きな五ツ紋、言未だ発せざるに、衆は多大の力と活ける教訓とを感得したであろう、其の口を開くや滔々二時間余、言々句々、悉くこれ血と涙と、義と愛とに燃ゆるのであった。

△翁の演説終つて、小野兄、石川兄、立つて谷中村視察を叫ぶ、衆皆な拍手して之に同ず、即ち二十八日上野発一列車にて出発するに決す。

さらに同号の「編輯局より」で、石川は読者に熱烈にアッピールしている。

△土地兼併の罪悪　是は是非とも読者諸君の御一読否な御熟読を願ひたいのです。深き尊敬と同情とを以て御熟読を願ひたいのであります、是れ実に田中翁が、腐敗、堕落、残忍、冷酷なる、「義人一人も無」き日本の社会に対して訣別の宣告を与へたるものであります。嗚呼、読者諸君、近年に於ける（予が親しく接したる）田中翁は、実に「野に叫べる義人」であります、予は日本に幾万の教会員と牧師とがあるか知りません、されど田中翁が靴の紐を解き得るの資格ある者が一人でもありますか、日本に於て、少しなりとも神の姿を留めて愛人的活動に身を委ねて居るものがありとせば、其は一人の田中翁あるのみです、嗚呼、此義人が訣別の演説、吾等は涙を以て読まざるを得んのです、アアもう胸が逼まつて来ました。

（『著作集6』）

三月三十日、石川が初めて谷中村を訪れた時、村民がこぞって「破堤修築の事業」に精出している姿に感動した模様は、さきに引いておいたとおりだが、栃木県当局はこの仮堤防を違法工事だとして、取りこわそうとしていた。

四月二十八日は、取りこわしに当局が来ると予想された日だったので、田中は演説のなかで東京の有志に支援を訴えたのである。

この日、東京からかけつけたのは木下、石川、福田英子、荒畑寒村ら十数名で、このほか、近在の町や村からの応援を得て大いに気勢をあげた。ところがいちはやく外人部隊支援の情報をキャッチした県当局は、ついに現場に姿を見せず、予期された「乱闘」は起こらなかった。

田中はこの日仮堤防の上で死ぬ覚悟をかためており、田中に従う面々も、当局側の役人や工夫たちと「血の雨を降らせて」、仮堤防を守りぬく決意であった。

幸か不幸か、この「乱闘」は避けられたが、翌々三十日に当局は無人になった現場に乗り込み、一気に仮堤防を取りこわしてしまった。

当局の方が一枚うわてだったのである。

十字架は生命

ところで、四月二十八日の事件は、石川の魂をもう一段飛躍させるきっかけでもあった。『自叙伝』をみると、

この日は何の事もなく帰京することが出来ましたが、しかし、私は自分の心持をかえり見て、いささか不安でありました。もしあの堤防上に乱闘が起ったとして、自分は果して泰然とこれを乗り切ることが出来たであろうか？　苟も十字架を負うて社会運動に身を投じたと称するものが、びくびくしたのでは見っともない、だが私はそのびくびくの方らしい。

このびくびく者に比べて、田中の生死を超越した度胸の大きさはどうであろうか。この悩みを解決すべく、石川は谷中村から帰った翌日、箱根大平台林泉寺に旧知の内山愚童を訪ねていく、となっている。

だが、その当時の心境をつぶさに記した「平民の信仰」（『新紀元』第九号　明治三十九［一九〇六］年七月）や、その後に書かれた「回顧一年」（『新紀元』第十三号　明治三十九年［一九〇六］十一月）（いずれも『著作集1』）を読むと、石川の信仰上、運動上の悩みはこの時急に生じたのではなく、

『新紀元』の主宰者として活動し始めてから、ずっとつきまとっていたもののようである。それが、田中という大きな人間に出会い、四月二十八日の事件にぶつかり、一気に解決を迫られたのであろう。

『自叙伝』では、「帰京の翌日」、内山を訪ねたことになっているが、実際は五月十四日で、「平民の信仰」にその日の石川の日記が抄録されている。

「吾れ、近時、野州の義人、田中正造翁と屢々来往し、翁が献身の精神を見て感激すること甚し、従来常に吾が胸底を去らざりし基督の十字架は、此に於て、烈しく我に迫りて我が去就を急促す、我れ今ま吾が現下の立地を顧みれば、我は是れ生死の岸頭に在る也、嗚呼、我れ恥ずべき哉、吾は既に共用意を得了せし筈なるを、俯せば千仞の谷、鮫鰐(こうがく)口を開きて我を待つあり、仰げば万丈の崖、巨岩墜落して頭上に来らんとす、前後左右、皆遁逃の途を絶す」

△「退いて奈落の底に堕ちんか、右走して野心の猛火に投ぜんか、左奔して虚偽の激浪に溺れんか、否なり、断じて否なり、一度び耳に基督の福音を聞ける吾は、初めより、人の何れの死に死すべきかを知れり、吾が取るべきの死は、唯だ基督の十字架にあり、新たに生くるの死なり、上より生くるの死なり、永遠に生くるの死なり、噫、然なり、吾が取るべきの道、此の如く明けし、されど吾が道は難い哉、頭上に墜ち来る巨岩に

向つて、吾は其の嶄崖(ざんがい)に攀ぢざる可らず、弱き吾は失心錯乱せざらんと欲するも能はざる也、噫、腰ひきからげて来よと呼び給ふ御声さへ、今は却て吾を遠(ママ)かり行くの思ひあり」

△「此の砕けし思を懐ける我は、敬愛する愚童兄が精舎に入り、暫し黙想の客となつて我が心の乱緒を整へんものと、かくは旅行を思ひ立ちし也」

内山は箱根大平台にある林泉寺という小さな禅寺の住職で、のちに大逆事件に連座して刑死するが、石川は例の犬王症候で小田原に静養に行った折に、初めて会っている。

内山にすすめられて、坐禅すること五日、

……突如として心の窓が開け、「十字架は生れながら人間の負うたものだ」と気がつきました。それは、真に歓天喜地のうれしさでありました。その時、製茶に専心している和尚の所に行ってこれを告げると、「あゝ、その通りだよ、それだよ！」とうなづきました。

と、『自叙伝』は語っている。

だが、「十字架は生れながら人間の負うたものだ」とは、どういうことだろうか。この時の石川の回心は、「平民の信仰」にさらに詳細に語られている。
以下、その論旨をたどってみよう。

△予は始め平安を求めて宗教に赴いた、共時の予の心裡を精細に審察して見ると、予は確かに、乞食的根性を以て神の恩寵を貪り、貴族的私慾を以て神の守護を希ふて居つた、即ち、或は自己の罪悪の苦悶、恋愛上の悲痛などを癒さんが為に神の恩寵を願ひ、或は自己の現在の地位名誉を維持し高上せんが為に神の守護を祈つたのである。

だがこのような信仰は、「諺に曰ふ所の『婆婆育ちの子供』の様な信仰」で、一時の平安は得られるが、あらたな迫害にぶつかると、ぐらぐらと動揺する。

また、信仰によって人格の向上を求めようとした試みも失敗であった。なぜなら人格の向上に執着したために、「却て人生の天真を失ひ、遂には偽善を生じた」からである。

さらに、社会の救済を宗教に求めたのも、「大なる間違であつた」。それは「神を機械視するもの」で、「功利主義」と少しも変わらず、これでは「宗教も信仰も有りやアせん」ことになる。

考えてみると、これらはみな「我欲」であった。自分のため、社会のため、あるいは人類のために、なにかを「神に求めた」にすぎない。これこそが「総(すべ)て予を迷妄に導く障害」である。

それでは信仰は何のために必要なのか。

△……予は思ふ、信仰が人生に必要だとか、不必要だとか、言ふのが既に誤つて居る、信仰は寧ろ人生に必然のものである。

△眼を閉ぢて、宏大無辺なる天地万有の中に生活する、滄海の一粟の如き自己を顧みよ、我は絶対に無力である、力に於て我は絶対に無である、我は絶対に神の掌中に在るのです。

△此の信仰は求めんと欲して得たるに非ず、又た捨てんと欲して捨て得るものでもありません。汝は斯く在りとの黙示を「彼」より受けたに過ぎません。

この境地にひとは、まえに記した徳富蘆花の飛躍した魂を見る思いがするかもしれない。石川がここまでに到達するには、田中正造に出会わなくてはならなかった。死生を越えた田中の姿に、自らの信仰の底の浅さを思い知らされた石川は、十字架が恐ろしくなり、十字架を棄てて逃げようとさえした。だが、どうしても、どこへ行っても逃げることはできない。

△……余は奮闘に疲れ果てたる身体を大地に投げて倒れた、其時、静かに頭を揚げて吾

が背後を顧れば、何ぞ計らん、十字架は実に吾が背に負ふて在つたのだ、愚か！ 愚か！ 我れ十字架を或は求め、或は免れんとし、或は恐怖せし愚かさよ、十字架は吾れ始めより之を負ふて居たのである、吾は迷ふて之を悟らなんだのである。

この回心を、石川は内山の禅寺の一室で遂げた。それはコロンブスの卵のようなもので、文字にしてしまえばごく当り前のこととみられようが、この時、石川は我欲をすべて棄て去って、神に自分のすべてを委ねるという、もうひとつ高い次元への飛躍を果したのである。

△吾等が社会運動に従事するは、唯だ神の経綸に服従するに過ぎぬ、十字架を負ふに過ぎぬ、若し然らずして、徒らに社会改革にのみ焦心するも、そは畢竟我慢盲動に終るのであろうと思ふ、十字架は生命である、十字架を負はざる一切の事業には生命無しといふも差支が無いであろう。

と、「平民の信仰」で、石川は断言している。

この回心を遂げて帰京した石川に、田中からの親展の手紙が待っていた。石川がもらった田中の最初の手紙である。

加藤氏昨日御帰京。曽て手紙運動御願諸君ニも御願、地方の事ハもとより無邪気の人民言語同断、只此無知の人民の財産を恣む〔盗か〕暴悪を憎む。谷中村ハ亡滅ニあらず、政府の腕力を以て撲滅するなり。○地方も東京も、政府ハ離間中傷の外一物なし。渾て反対の運動ハ陰ニて見へるもの少しといゝども、皆離間中傷ニ多くの財を散ずるのみ。谷中四十八万円中殆んど十ハ人心買収、離間中傷ニ過ぎず。政府が人民と戦争する国費モ亦大なり。何んの用ありてにや、警官三人常ニ我身ニ付きまとい申候。一人ハ随行、一人ハ間接、外一人も亦変態の姿。嗚呼、汝ハ我自由を害せるよ。我れニハ毛もかくす事なし。汝ハ何んの用ありて我れを監するや。汝が己れの自由を害する、年已ニ久シ。嗚呼。

三十九年五月十六日　　　　正　造

石川三四郎様　　　　（『田中正造全集』第十六巻）

この手紙を読んで深い感動に襲われた石川は、ただちに筆を取って返事をしためた。石川の田中にあてた最初の手紙である。明治三十九［一九〇六］年五月十九日付となっている。

僕近時尊老と屢々往復するの栄を得て奮発興起すること幾何ぞや、敬慕する翁よ願はくは未熟なる小子を憐れみ給へ小生は尊老が献身の大精神に接し、我が意志と精神の甚だ軟弱なるを感じ私(ひそ)かに自ら恥かしさに堪えず、爾後は其れから其へと心中の苦悩に襲はれて、去る十四日突然家を出でゝ箱根山中の某寺に入り、本日まで祈禱の生涯を送り来り候、只今帰宅して貴翰を拝読し腸を寸断せらるゝの心地致し候、嗚呼此の弱き小人も、何事か用立ち候事あらば御遠慮無く御命じ被下度候、出来得丈は奮発致度存じ候、此度は少しは精神も定まり申候、申上げたき事は山よりも海よりも多く有之候得共、モウ胸が一ぱいにせまり来りて書けません、唯だ御身の上、如何あらんかと其れのみ実に心に懸り申候、

モウ涙が溢れて来ました、

足利町原田氏方より御申越の諸氏へは早速雑誌〔『新紀元』〕を送り申候、

くれぐも御身を御大切に願上候

十九日夜　　三四郎

田中正造様

乱筆御免下さい川鍋氏へもよろしく願上ます。（『著作集7』）

この真情にあふれる手紙を受取ってすぐ、待ってましたというように、田中は半紙で十二葉に及ぶ堂々たる書翰を送ってくる。

石川三四郎君ニ請願ス。
いび〔海老〕名弾正君ニ谷中村の沃野、一目一千町弱ノ土地人民悲惨情況ヲ御一見相願候。……

（『田中正造全集』第十六巻　以下同じ）

と、のっけから書き出されるこの書翰は、石川の情緒纏綿たる手紙と全く対照的で、田中という人物のスケールの大きさをしみじみと感じさせる。

ふつうの人物なら、自分への敬慕にあふれるあのような手紙を受取ったら、まず最初にそれについてなにか謙譲のあいさつぐらいは書かずにおれないであろう。ところが田中はそのような私事には一切触れず、ひたすら谷中村について、滔々と語りだす。

……谷中村ハ実ニ関東八州中第一の美大村ニシテ、古来の天産に富める土地、而モ未だ半開ニ至らざるの豊土なり。開拓中の村落なり。……

といった具合である。

このようなことは、いまさら石川に知らせるまでもないはずだが、田中は延々と谷中村の現状を書き立てていく。あわよくばこの声、海老名弾正にまで届けかし、といった想いがこもっている。まさしく偉大なる人物の偉大なるエゴイズムの発露であろうか。

漸く八葉目になって演説口調は終り、石川にあてた手紙となる。


……正ニ東京を去る僅ニ二時間の北方ニありて在京の志士仁人中来り見るものなしとせバ、是れ国民なきなりと断言すべし。

社会ハ人類なしと明言するを憚からず。茲ニ於て正造ハ、石川君、貴下ニより海老名君の御実見ヲ仰グノ止ムヲ得ザル次第ニて候。……実ニ〻〻東京より二時間の汽車、此短程里モ今ハ鉄壁ヲ以テ鎖ザサレ、又関山ヲ以テ隔テラレテ此鉄壁ヲ突鑿(トッサク)セルモノナク、只僅ニ新紀元ノ御社員ヲ以テセリ。此一ツノ穴ヲ突(ウガチ)賜ラレタルヨリ、新紀元の御働きありてより、初メテ新鮮ノ空気と志士仁人の流通シ至ランカ。而モ時機ハ切迫ス。一朝此天候変ジテ雨降リ水増サバ、今日ノ谷中村モ忽チ蒼海ノ如クナリ、今日ノ麦畑け、今日ノ沃野、今日ノ乾燥地、今日ノ地質ヲ一見スルヲ得ズ。悲ムナキ十日ノ菊となりて又一年、其時ハ早後チノ涙ダノミト奉存候。何卒御多端中タリトモ、貴下ヨリ仰せ上げられて、海老名弾正君の御出張を懇願止マザル処ニ候。

書中尽サズ徒ラニ長文ニ渉リ恐入候。且ツ渾テノ失敬ヲバ御許シアレヨ。頓首謹言

三十九年五月二十四日　　谷中村より　正　造

石川三四郎様

田中は途方もない理想主義者であるとともに、堅実な現実主義者でもあった。キリスト教界の第一人者である海老名が谷中村視察に訪れ、支援の声をあげてくれれば、苦境にある谷中村の闘いの局面を一気に変えることができる、というアイディアに田中は取りつかれたのだろう。そして、石川が海老名門下だと聞いていたので、その後の石川と海老名の関係など知らぬまま、石川に懇願したのである。

律義な石川のことだから、海老名に谷中村視察を頼みに行っただろうが、海老名が谷中村へ行ったという記録はない。

石川はのちにこの書翰を自分で表装し、一巻の巻物に仕立てている。家の宝にするつもりだったのであろう。

石川は『自叙伝』で、田中とともにあったこれらの日々を追想し、次のように述べている。

……田中翁の偉大な人格に触れて、私は人間というものが、どんなに輝いた魂を宿しているものか、どんなに高大な姿に成長し得るものか、ということを眼前に示されて、感激せしめられたのです。それと同時に、今まで種々な説教や伝記やらで学んだ教義や人物というものが、現実に翁に於いて生かされ、輝かされていることを見て、心強く感じました。私は、自身が如何にも弱小な人間であることを見出しながらも、常に発奮し自重自省するようになりました。

田中正造はまさしく魂の導師と称しうるひとであった。そして、石川が田中の継承者となるには、さらにいくつもの大きな山を越えなければならなかった。

監獄という道場

『新紀元』とその運動は、石川にとって最もふさわしいうつわであった。一方の極には師田中を先頭とする谷中村住民への支援活動があり、他方の極には一週間おきに続けられた聖書研究会がある。

石川は、『新紀元』の一年を振り返って、「過去一年間に於ける最大の事業は実に聖書の研究である」と、「回顧一年」（『新紀元』第十三号　明治三十九〔一九〇六〕年十一月）で断言しているほどである。

しかも、四月二十八日の事件をきっかけにして、あらたな回心を遂げ、不退転の信仰に目覚めたところである。石川としては、漸く地盤がかたまり、これから本格的に前進しようという腹づもりであったろう。

ところが、ちょうどそのころ、堺利彦がわざわざ石川を訪ねて新紀元社までやって来た。明治三十九〔一九〇六〕年六月下旬のことで、用件はその年の二月に発足した日本社会党に入ってほしい、という勧誘である。

すでに木下は、その年の六月に帰国した幸徳とともに入党しており、旧平民社で残っているのは石川だけであった。

しかし、この時は石川は堺の勧誘を断った。石川のアナキズムの出発点とよくいわれる「堺兄に与へて政党を論ず」（『新紀元』第十号　明治三十九〔一九〇六〕年八月『著作集1』）は、いってみればその折の断り状である。

この論文は革命運動、社会主義運動において政党が果たす役割を予見した点で、予言者的な響きを帯びているが、石川が入党を断った理由はそのような純理論からだけではない。

かりに自分が日本社会党に入党したからといって、代議士でもなんでもないのだから、なにほどの力にもならない。しかし、自分でなければ社会主義に貢献できない事業がある。それはほかでもない、『新紀元』の事業すなわち「十字架を以て社会主義を宣伝する」使命だ、と石川は明言している。

これはまさしく正解であって、石川がここで踏ん張って、神こそ最高のエゴイストだという意味で、田中のような偉大なエゴイストとなり切り、所信を貫いたならば、明治末年の歴史はもうひとつ別の展開をみせていたかもしれない。

しかし、党員にならなくともよいから、日刊『平民新聞』の創立者に名を連らね、その事業に参加してくれ、という堺、幸徳の重ねての要請まで断りきることは、善人石川のよくするところではなかった。おなじ年の十月のことである。

……私は両兄の変らぬ友情にとても嬉しく感じましたが、しかし私に最も適した『新紀元』を棄てて、最も不得手な新聞記者になることは、どうかと思われました。それに新刊の『平民新聞』には外部から尽力させて貰ったらどうか。こんな考えから、一応参加を謝絶したのですが、両兄の言うには「今回のことは、ただに君一身の問題に非ず、従来何とはなしに対立の形勢をなせるキリスト教徒、非キリスト教徒の両派の社会主義者が相融和するか否かの問題に係わる」ことであるから、とくと、社中・社外の同志と協議してくれとのことでありました。

と、『自叙伝』には語られている。

社会主義者の大同団結という錦の御旗で説得するあたり、堺、幸徳もなかなかの政治家である。

そして、この錦の御旗のまえにはだれしも容易に反対できないように、石川もまた反対できなかった。これ以上『新紀元』に自分が固執すれば、キリスト教派は社会主義運動の大同団結に反対している分派だと、痛くない腹をさぐられることにもなりかねない、そう判断したのだろう。

それに初めは、石川は『新紀元』の実務から離れるが、石川が育てた青年たちの手で『新紀元』そのものは継続していく、というように話は進んでいた。ところが木下はこのプランをどうしても承知せず、二転、三転してついに廃刊となったのである。

しかし、その後の日本社会党の動きをみていくと、非キリスト教派とキリスト教派の「大同団結」などは、さしたる問題ではなかったように見受けられる。

六月にアメリカから帰国した幸徳は、有名な大演説で直接行動論を提起しており、以来、直接行動派と議会政策派との論争が社会主義運動のメインテーマであったことは、よく知られているとおりである。

いうまでもなく幸徳は直接行動派の首領であり、幸徳らが石川を大同団結の錦の御旗で口説いた十月ごろは、すでに分派結成の動きが活発であった。わたしが堺や幸徳を指して、なかなかの政治家というのは、こういう背景があるからにほかならない。

以下は推測の域を出ないが、石川の引張り込みに一番熱心だったのは堺だったようにおもわれる。現実政治家の資質の最もつよい堺は、終始分派、分裂に反対であり、まさに大同団結の旗手であった。直接行動派と議会政策派による社会運動の分裂をおそれた堺は、最も信頼できる後輩石川の協力をぜひ取りつけたかったのではないだろうか。そして多年恩義のある堺の窮状をみかねてふたたび「人生意気に感」じた石川は、旧平民社の折とおなじような心境で、新平民社入りを決意したのであろう。

そうでも読み解かないと、『自叙伝』の説明だけでは不十分だし、矛盾が多すぎる。いずれにしても、石川は自分に「最も適した」『新紀元』を失い、これから本腰をいれてかかろうとした「十字架を以てする社会主義」運動は宙に浮いてしまった。やはりまだことばが先行して、本当に腰がすわっていなかったのであろうか。

新平民社時代の六カ月は、新紀元社時代とおなじように多忙をきわめたけれども、それは次元の違う忙しさであった。新紀元社の時にみられた魂の波動は鳴りをひそめている。あらたな石川の動きで特記すべきことといえば、『日本社会主義史』の連載で、これはその後の石川の歴史家への道の出発点となる。

そしてこの新平民社時代は、明治四十〔一九〇七〕年四月の入獄で終りを告げる。石川は日刊『平民新聞』の発行兼編集の名義人だったので、「僅か三カ月の間に四つの事件の被告人」となり、都合十三ヵ月の入獄をよぎなくされたのである。

だが、この十三ヵ月の入獄が、聖書一色に染め上げられていた石川の魂の色合いを変えていくことになるのだから、人生、どこに機会があるのか分らない。

石川が獄中で書いた手紙は十通ほど、『世界婦人』に載っている。それを読んでいくと、獄中での読書、研究、思索を通じて、この色合いの変わっていく有様をうかがうことができる。以下に、とりわけ特徴的なところを摘録してみよう。

……僕も毎日聖書を読んで居ます、此の弱き小さき身をも希くは全き犠牲として御前に献ぐることを得しめよとは僕今日の祈願です

……△久ぶり(ママ)にて『老子』を読み多少発明したこともる(ママ)、彼を以て単に虚無、恬淡、静寂の道を唱ふるものとするは蓋(けだ)し当らず、彼は虚無党に酷似せる革命家ではあるまいか

以上五月十八日付　福田英子あてより

……△入獄して少し意外に感じたのは精神的の戦ひが一切消え失せたことだ、是は社会に居ると常に罪悪を目撃し、誘惑に遇ふのが、獄中では唯だ将来の希望に充され、常に聖賢の言行を味ふて居る為であろう、但し来秋の黙想の好時期にもならば心中多少の苦闘を現ずることと楽しんで待つて居る、是は僕の秘密(注)

以上七月七日付　堺利彦あてより

（注）これがなにを指しているのか分らない。

……又相変らずの僕の注文は十字架だ、十字架を負ふて行く時は何事にも無理をせぬ様になることが出来やうと思ふ。

……△十字架ほど怖いものは無いが一端覚悟したら之ほど楽しいものはあるまいと思ふ

以上十月一日掲載　逸見斧吉（注）あてより

（注）逸見斧吉は新紀元社の社員。缶詰メーカー逸見山陽堂社長で、石川の終生の友人にして後援者。

……小生の意見は従来と異らず、社会主義といふ大理想を実現すべく何れも（議会政策も直接運動も）一部の手段たるべしと存じ候、此の前提によりて各自が自己の好むところに専心せば、少しも互に相妨ぐること有之間敷候、寧ろ斯くてこそ、大理想実現のために、大協同の実を挙げ得べきことと存じ候

……△何れにしても世界的大革命の機運が早晩来るべきは疑ひ難き処に候、吾等の責任が其道備へにあると思へば、随分心ろ迫かるゝ事に候、吾等は此大機運の表辷（うわすべり）し去らざる様努めざる可からずと存じ候、深く地を穿（うが）てば、降る雨も浸込む道理にて永く忍で広く深く伝導せば革命も従て深刻に行はれ得べしと存候

以上十月十三日掲載　福田英子あてより

……△小弟此頃世間の事我が身の事など思ふに付け是迄好まざりし「肉の事を思ふは死也」てふ保羅（パウロ）の一言が、ヒシ〳〵と胸に答へ申候、人生は真に霊と肉との戦ひに候、悲絶、惨絶に候、此悲惨を脱せんとする活動が宗教に候、社会主義も亦た之より起り候、此点に於て宗教は革命的に候、社会主義や無政府主義は優しき改良主義に候

以上十二月十五日　福田英子あてより

……△兄よりの来書に、僕出獄の上は『新紀元』再興の浮説ありと全くの浮説に候、併し『新紀元』の主張をドコまでも貫徹すること、我が任なりと覚悟だけは致居候、機熟するあれば復た旗揚げ致すべきは勿論に候、是れは御内見〳〵

……△僕在獄一年、学び得たる者三つあり、親の慈悲、天道様の有り難き事、人悉く清きに世の甚だ汚穢なる事、此の三つ、説明を要す、出獄の後に譲る

……神ありの無しのと言ふが、宗教、非宗教の区別には候はず、唯だ至誠を以て己に対し、人に対し、天地に参入するや否やにあるべく候、我れは常に自ら省みて至誠の

足らざるを憂ひ申し候

以上三月五日掲載　逸見・福田あてより

……△僕をして君の地に在しめば大に事業を拡張して大に金を儲け、大に一家を励まし近親を励まして遣る、之が神に帰する真の道では無いか倒れて死ぬ迄働ひて後は神様の御勝手に委すのみさ

……僕の考は慥(たし)かに俗。になつた、それはコウいふ訳さ、世に宗教家と政治家とが無ければ天下は永遠に太平であるといふ様な考が出来たからさ、僕は此頃宗教家ほど下らぬものは無いと考へて来た、農、工、商の労働者が天下の主人とならねば神国の格臨(ママ)は到底望まれない、冀希くは諸兄姉の上に天寵の裕かならん事を

以上四月五日掲載　逸見斧吉あてより

明治四十一［一九〇八］年五月十九日、石川は十五冊、千五百ページのノートを携えて、巣鴨監獄をあとにした。このノートが、のちに大著『西洋社会運動史』と、幻の書『虚無の霊光』となるのである。

Ⅳ　流人、ヨーロッパへ

「虚無主義者」となる

前章で触れておいたように、木下尚江の文集『野人語』第三には、石川の「哲人カーペンター」が収められている。出獄後、石川が師と仰ぐにいたるイギリスの詩人哲学者エドワード・カーペンターを、木下の友情で紹介する機会を得たのである。

この論稿は、その後刊行された石川の単行本『哲人カアペンター』（明治四十五［一九一二］年）の第十一章に再録されるが、そこでは「木下兄に与へて力翁を論ず」と改題されている。もちろん、カーペンターの紹介が主体であるけれども、そのあたまにかなりのスペースを割いて、出獄以後の石川自身の窮迫した暮しぶりや、「所信」の変化が語られている。

暮しぶりはさておいて、「所信」の変化についてのくだりは次のとおりである。

予は巣鴨獄中に於て、社会主義並びに基督教に対する従来の所信に尠からぬ変動を来した。予は四十一年五月、出獄するに当りては、哲学宗教の上に於て一個の虚無主義者となつて居た。故に出獄の時、予が獄門を携へ出でたる荷物の中には千五百頁の『西洋社会運動史』原稿と『虚無の霊光』一巻の原稿があつた。

（『著作集6』）

『自叙伝』によれば、石川は巣鴨監獄でカーペンターの『文明、その原因および救治』と『英国の理想』を読み、「数年来の煩悶懊悩を一刀の下に切開」された、ことになっている。しかし、これは石川の記憶違いで、事実は、獄中で読んだブリスの『社会改良辞典』やシドニー・ウェッブの『英国社会主義』によって初めてカーペンターの思想や運動のアウトラインを知り、それに強くひかれ、出獄後、ただちに『文明、その原因および救治』と、E・クロスビーの『詩聖にして予言者たるカーペンター』を入手し、「曽つて経験したことの無い力を此二小冊子によりて授けられたる心地がした」（『哲人カアペンター』）のである。したがって、獄中の著述である『虚無の霊光』は、石川がカーペンターの著作を読む以前の作、ということになる。

ところで、哲学、宗教上の「虚無主義」とはどういうことであろうか。入獄前の石川の、哲学上あるいは宗教上の著作には、虚無とか虚無主義ということばは見当らない。獄中での思索や研究のなかで、初めて使われるようになったのである。

石川が獄中で書き記した *A Prisoner's Note*（『著作集1』）と題する八十ページほどのノートが残っているが、そこに収められている覚書のひとつに、「虚無主義」というのがある。のちに『虚無の霊光』としてまとめられる著作の執筆メモのひとつとみられるので、以下に全文を掲げておく。

　革命は内省より初る、内省の極点は虚無なり、
先づ虚無主義の普及を要す……露国革命運動の基礎、
自然（神）は自ら建設す、人は須らく破壊すべし、
宇宙の法律は個人の心霊に在り、——陸象山——心即理、老、荘
科学も亦た外在の法則なり……科学をして心霊の侍女たらしめよ、
心霊は最高の権威なり、……神の国は爾曹（なんぢ）の衷（うち）に在り、
一切の権威より脱出せよ、……天上天下唯我独尊、一切空、色即是空
昔時の虚無主義は科学を以て最上の権威となせり、
太古の民は自然的生活を営みて虚無主義の必要を感ぜざりき、反省作用を有せず、
社会組織が自然と離反せる時、人は内省的となれり、心霊のさゝやき是より起れり、
或論者は曰く近世史はナザレのエスより初まれり、
無意識的自然……無我——自然と社会と個人と無意識的一致せり、

自然の覚醒……虚無主義は其転機なり
意識的自然……大我――自然と社会と個人と意識的に一致すべし、
社会主義と個人主義と一致すべし、Cosmicism（宇宙一体主義）の完成に至るまでは虚無主義の時代なり、
虚無宗の起るを要す、虚無の光、虚無の光明
虚無団を起すべし
自然法――科学――虚無の霊光
虚無の心霊動いて、我を為し、愛を為す、我は愛の始源なり、唯だ虚無のみ実在す、

この覚書を読んで注目されることのひとつは、十九世紀ロシアの虚無主義への石川の共感である。文中、「昔時の虚無主義」とあるのは、ツルゲーネフの『父と子』の主人公バザーロフのニヒリズムを指している。そして、「露国革命運動」とは当時、虚無党と呼ばれていたナロードニキのことである。

谷中村での田中の闘いに感動した石川が、ナロードニキに共感を覚えるのは当然である。

もうひとつは、「太古の民は自然的生活を営みて虚無主義の必要を感ぜざりき……」から「……Cosmicism（宇宙一体主義）の完成に至るまでは虚無主義の時代なり」までのくだりにみられる意識の段階論的な発展説である。これはカーペンターが『創造の芸術』（一九〇四年）で展開した説なのだが、この覚書を書いた時に、石川はまだ『創造の芸術』を読んでいないはずだから、石川独自の創見なのか、あるいはブリスかウェッブのカーペンター紹介にヒントを得たのか、分らない。たぶん後者であろうが。

三つめは、これまで石川を支えて来た十字架の信仰に代わって、内在的な心霊と宇宙と自然という汎神論的な宗教、哲学が模索されていることだ。

これは石川にとって革命的な出来事であった。おそらく石川をそこへ駆り立てていったのは、蘆花や尚江らの魂の飛躍であり、なによりも田中の献身の精神であったろう。

石川にしてみれば、新しい飛躍を遂げるために、まず過去のもろもろの信仰や思想を御破算にする衝動に駆られたのであろう。

その点、石川の虚無主義は、シュティルナーの「創造的虚無」に似ている。

さて、問題の『虚無の霊光』（『著作集5』）だが、序によればこの小冊子は父五十嵐九十郎十三回忌のくばりものとしてこしらえられた、とある。だが『世界婦人』に広告しているところをみると、市販をするつもりもあったようだ。

ところが、赤旗事件以後、極度に神経をとがらせていた当局は、「虚無」という書名を理由にして、非道にも製本所でこれを差押え、没収処分にしてしまった。

石川は製本所とかけあって、「破(や)れ」をかき集めてとにかく三冊製本したというが、その後、この貴重な三冊も行方不明になり、現在は三種類の写本しか残っておらず、それも部分的に欠損や脱落があって完全ではない。文字通り、「虚無になってしまった」のである。

とくに、「第一虚無」の後半と、「第二」が欠落しているのが痛い。おそらくそこで石川は虚無について詳しく論じていたのではないかとおもわれるからである。しかし、死んだ子の齢を数えても仕方がないので、現存の『虚無の霊光』に即して、その特徴をさぐってみよう。

まず第一は、キリスト教、儒教、老荘、仏教から西欧哲学に及ぶ一種のシンクレティズムである。十字架一本槍からの脱皮といってもよい。

たとえば、『虚無の霊光』のキイ・ワードのひとつである「道」だが、石川はこのことばのなかに、老荘のタオからキリスト教のロゴス、儒、仏の道まで、一切を含ませている。「ヨハネによる福音書」の有名な最初の一節は、「初めにことばがあった。ことばは神と共にあった」が定訳だが、石川の引用文では「太初(はじめ)に道あり、道は神と偕(とも)にあり」と、「ことば」ではなく、「道」になっている。

これは明治時代の邦訳聖書の訳語なのか、それとも石川のオリジナル訳なのか分からないが、石川にとっては「ことば」よりも「道」の方が、本義に近く感じられたのだろう。

ずっと晩年に、この「ことば」を「原道」とも呼んでいることは、Ⅰ章で触れておいた。

石川のシンクレティズムの一例である。

二番めの特徴は、光と陰のドラマで、これは無明の哲学として、その後、定着していく。石川によれば、「道は唯一無対である」。無対とは耳馴れないことばだが、相対のように対象が限定されず、無限定なので無対というのである。

東海道といえば、「東京から京都に達する相対の道」だが、「無対の道はコウ限られては居ない」。「自由自在、四面に通達して其蹤跡をも留めない」ゆえ、「之を仮りに虚無の道とでも言はうか」と、石川は言っている。

ところで、道はただ道としてあるのではない。道にはいのち＝霊があり、いのち＝霊は光を発する。これが虚無の霊光である。

「食ふ、飲む、恋ふ、見る、聞く等の物慾は皆な是人類天真の感情」で、これらはすべて「虚無の霊光の発用」である。

だが、光あるところに必ず陰ができるように、「霊光ありて始めて、物欲の陰があ」り、ひとはこれのとりことなる。「此『陰』ほど恐ろしいものは無い」。

国家だの、社会だの、法律だの、道徳だの、科学だの、習慣だの、これらはみな「陰」が生んだものであり、これが「人生の大苦痛を齎らした」元兇である。「あやまりに影を我れぞと思ひそめ、誠のすがた忘れはてぬる」（無住『沙石集』）というわけである。

この光と陰のドラマを軸とする無明の哲学は、石川のオリジナルといってよいだろう。

そこで、「誠のすがた」を見出すために、「吾等は先づ虚無に反らねばならぬ。虚無に反りて始めて我衷（わがうち）に天真の霊光が照り出づるのである」と、石川は述べる。

この虚無への回帰が、三つめの特徴である。

◎一切の羈束（きそく）を断滅棄却して汝の衷に還る、是虚無主義也、革命の叫びは是此虚無裡に於ける汝のホームより来る、蓋し（けだ）此ホームは実に万有の基礎なり、万象の本源なり、革命も亦此より起る也。

ここでいうホームはもちろん家庭のことではない。故郷、土着の土地にシンボライズされる存在の原点、石川流にいうところの道である。

ミルソープへの巡礼

石川からカーペンターへあてた手紙は、明治四十二［一九〇九］年十二月四日付を皮切りに、大正八［一九一九］年十月七日にいたる二十通が残っている。

それらはすべて英文で、シェフィールド中央図書館のカーペンター・コレクションの所蔵である。

石川が出獄し、早速、カーペンターの著書をむさぼるように読みだしたのが、明治四十一［一九〇八］年秋ごろとおもわれるから、それからまる一年たって、著者にファン・レターを送ったことになる。

最初の手紙には、「英語で文章を書くことがとても不得手でありますので、はやる心を抑えて、貴方にお便りするのを今日まで延ばして参りました」（もと英文『著作集7』以下おなじ）と、おそくなった理由が書かれてある。

また、それにつづいて石川は、次のように自己紹介をしている。

小生は、一般には、「社会主義者」と呼ばれている日本の共産主義者であります。小生は、日本で七年間ほど共産主義を宣伝して参りました。そのうち一年間は、キリスト教社会主義——特別に小生がそう名づけたのですが——に挺身し、また十三カ月間は獄中で苦行生活を過ごしてきました。わが専制政府は、小生の新聞が社会の秩序を紊乱したとして告発し、そうした刑を小生に科したのでした。

そのあと、石川はカーペンターへの賛辞を述べる。

ところで小生は、随分長い間、単なる機械論的な唯物論的社会主義と単なる議会主義運動とに不満を懐いてきましたので、先に挙げました書物〔『文明、その原因および救治』『恋愛の成熟期』〕を拝読して、そして予言者のような貴方の姿を発見し、あたかも砂漠の中でオアシスに出会ったかのように感じたのです。

この手紙を書いたころ、石川は『世界婦人』に載せた「墓場」などの評論で裁判中であった。巣鴨監獄を五月に出獄した石川は、一時、郷里に帰って体を休めていたが、八月下旬、ふたたび東京へ戻り、福田英子がやっていた月刊誌『世界婦人』の編集にあたっていたのである。翌年三月、石川はまた東京監獄を経て千葉監獄に入獄する。刑期は禁錮四ヵ月であった。しかし、なにが幸いするか分らないもので、石川は千葉監獄に入れられていたために、大逆事件への連座を免れた。

だが、大逆事件以後の石川の生活は惨澹たるものであった。刑事がふたり、昼夜を問わず石川の身辺につきまとい、石川三四郎の名で文章を書くなど、おもいもよらぬこととなった。代筆をしたり、翻訳の下訳をしたりして、わずかに暮しを立てる有様であった。

社会運動からの転向を条件に、洋行や立派な就職口を世話しようという誘いが、郷里の先輩佐藤虎次郎からかかったこともあるが、「私に始めて社会主義の話をしてくれたのは、あなたではありませんか、そのあなたから、そのような勧告を受けるのは心外です」(『自叙伝』)

と、きっぱりはねつけたという。

木下の文集『創造』（明治四十五［一九一二］年）に寄せた「流人語」（『著作集1』）は、窮迫のなかで自らを恃そうとする石川の心意気を示している。「流人語」という耳馴れないことばは、木下の文集『野人語』をもじったものであろう。

○諸君は高遠なる理想を談る。然れども真面目なる「自己を示現しやう」とは欲しない。正直に自己を示現する時は饑ゑるが故である。而して是れ諸君の言説に力無き所以である。生命無き所以である。

○然れども諸君、銭と死とは別である。古来多くの先哲は饑ゑたれども、未だ曽て饑死せしことを聞かぬ。然り先哲は饑ゑたりと雖ども諸君の如く其霊（たましい）を殺さなかつた。彼等の饑ゑたるは、寧ろ其霊に於て活きんが為であつた。諸君信ぜずや、霊に於て豊なる時、肉の糧は自ら授けらるゝものである。孔子曰く「学ぶや禄其中に在り」

○富に執着し、位置に執着し、名声に執着し、此世に執着して、深き泥溝に没溺しつゝ、然も天道を談り人道を説く、浅間しき極みである。流転無常の中に流浪するの吾人、何物に執着して、何ものを得んとはする？

○然れども流浪必ずしも流浪に非ず、蓋し我の流浪は是れ天我の示現であるが故に。運命の児なる我も其の本能の愛と義とに於て天華を開くものなるが故に。されば唯「天我をして自らを示現せしめよ」是れ吾人の運命にして、同時に吾人の正義である。

この覚悟は、見事にその後の石川の生涯を貫いてゆるがない。

弾圧は石川から文筆による収入を奪ったけれども、反面、それは石川にとって歓迎すべきことでもあった。というのは巣鴨監獄を出てから、石川がまず考えたのは「最下級の労働で自分の生活を樹てよう」ということだった。「搾取生活を非難しながら自分が非生産的生活を続けたのでは、社会主義も共産主義も、泥棒の念仏」(『私の精神史』)にすぎないからである。

この労働生活への思いは、カーペンターがシェフィールド近在の片田舎ミルソープで百姓生活をしていることを知って、さらに強められた。「それこそ真実の生活態度であり、それこそ社会改造の第一歩でなくてはならない」(『自叙伝』)と、信ずるようになったのである。

しかし、土地をもたぬ身に百姓生活はできない相談なので、古い同志たちの紹介で、「ピイピイと汽笛を鳴らして歩く『羅宇屋』」や「パンパン鼓をたたいて歩く『下駄の歯入屋』」、さらには「ペンキ看板屋」の仕事を「研究」し、ペンキ屋ならやれそうだとおもい、見習いにいくところまで話は進んだ。

けれども不幸にして、二度目の入獄で持病の気管支炎がこじれ、労働生活の夢はしばらくお預けとなってしまった。

そのころ、石川は病気療養もあって、福田一家とともに、横浜の根岸海岸に住んでいたが、石川が幸徳らの仲間だと知った土地の漁師たちが、国賊なぞ殺してしまえといきまいている、という不穏なうわさが耳に入り、暗澹とした毎日の連続であった。

こうした日々がさらに長く続いたなら、いくら蕊の強い石川でも、体の方で参ってしまったかもしれない。だが、「流人語」で自ら述べたように、「霊に於て豊なる時、肉の糧は自ら授けらる ゝものである」。

ふたりの外国人同情者が現われ、彼らの援助で、八方ふさがった日本をあとに、石川は旅券なしでヨーロッパへ向けて旅立つのである。

大正二〔一九一三〕年三月一日のことで、その時、石川は三十七歳であった。

かつて飛躍した魂の命ずるままに、蘆花が愛子夫人とともに、トルストイの住むヤスナヤ・ポリヤーナに巡礼を試みたのに比べて、カーペンターが住むミルソープへの石川の巡礼は、はるかに慌しく、みすぼらしく、貧しいものだった。しかし、それでも、石川の魂は蘆花とおなじように悦びにふるえていたことだろう。

四月八日夜、ベルギーのブリュッセルに到着した石川は、すぐにでもドーバー海峡を渡り、カーペンターに会いに馳けつけたいところだったが、なんせ懐(ふところ)には先立つものがなかった。

四月十一日付のカーペンターにあてた手紙のなかで、石川は、

小生はしばらく当地〔ブリュッセル〕に滞在します。できるだけ早い時期に貴方を

お訪ねしたいと願っておりますが、いくつかの理由――赤貧がその主たるものですが――でお伺いすることができません。

と書いている。

石川がカーペンターに会うことができたのは、それから半年以上も経った十一月のことで、それも偶然、シンパの日本人船員のおかげで、ただでドーバー海峡を渡るチャンスをつかんだからであった。

たまたまロンドンに滞在中のカーペンターを訪ねあてた石川は、翌日、憧れのミルソープへ赴いた。

ミルソープはイングランド北部の都市シェフィールドとチェスターフィールドの中間にある山村で、カーペンターがこの土地を手に入れたのは一八八三年であった。

その時、カーペンターはホイットマンに次のような手紙を書いている。

全部で約七エーカー〔約二町八反〕の土地をもっています。私たちは約二エーカーに果物、花卉、野菜を栽培しています。二エーカー半は草地、ほぼ同じ広さの土地を、その一部は私たちの消費する小麦、一部は馬のための燕麦にあてています。……ここにはきわめて古い粉ひき用の水車があり、土地の名前がそこからきたことは疑いありません。全く古風な木製の車輪と歯車です。水車を回す小川は、私の三枚の畑を下った一番下を流れています。谷間にはいたるところ、林と水が豊富です。

（都築忠七『エドワード・カーペンター伝』）

この情景は、後年、石川が東京郊外の千歳村で始めた百姓生活によく似ている。石川はミルソープをモデルにして、百姓生活を始めたのだろう。

ただ違うのは土地の広さで（千歳村の石川の畑は二反弱）、カーペンターは仲間とともにこの土地でほとんど自給自足の生活を営んでいた。一八八四年、ミルソープを訪れたウィリアム・モリスは、カーペンターの説明を聞きながら、羨望を覚えたらしい。

……彼と彼の仲間が、ほとんどそれだけで暮らして行けるという。自分たちの小麦を栽培し、花や果実をチェスターフィールドやシェフィールドの市場に送る。すべてが私には快く聞こえる。真に生活を楽しむ方法は、必要な些細なことをすべて受け入れ、興味を抱くことによってこれを喜びに変えることだと思う。

（同右）

というモリスの手紙が残っている。

石川が初めてミルソープを訪れた時、カーペンターは七十歳で、ジョージ・メリルという四十になる同性の配偶者とふたり暮らしであった。

ミルソープにはそれ以前に蘆花も訪問しており、おそらく日本人としてはふたりめの来訪者であったろう。

石川は二晩を師とともに過したが、一番印象に残ったのは、カーペンターのピアノに合わせてジョージとともにダンスに興じたことだったらしい。なにしろ「臍の緒切って初めて」ダンスに引っぱりだされたのだから、謹直な石川は面食らったのだろう。

ミルソープの「楽園」を辞して、ブリュッセルに戻った石川は職さがしに明け暮れる。十一月二十五日付、ブリュッセルからのカーペンターにあてた手紙は、万策尽きてカーペンターにすがる石川の窮状を物語っている。

サンダル製造工場か出荷菜園で、小生に仕事を見つけて下さいませんでしょうか。これは予期できなかったことなのですが、今日までずっと生活費をだしてくれておりました友人〔人名未詳〕が、小生の英国滞在中に失職してしまいましたために、それが不可能となり、今、小生は途方に暮れている次第です。

日本に帰国するには大変費用がかかりますので、それも現在の小生の置かれている状態ではきわめて困難であります。現状は、小生には打開困難であると悟らざるをえません。貴方に多大の御迷惑をおかけすることになりますので、こうした問題について貴方に御依頼したくなかったのですが、当地で就職口を見つける見込みがないように思われますので、御迷惑をおかけしてまことに申訳ない次第です。

カーペンターは早速、いくらかの金を石川に送り、さらに石川をイギリスに呼び寄せた。義理の甥の家で、メイド代わりに家事手伝いをしながら、職をさがす段取りをつけたのである。

だが、カーペンターの親身な奔走にもかかわらず（カーペンターは滞英中の野口米次郎にも頼みに行っている）、イギリスでも職はなかなか見つからなかった。そして、ついに石川は帰国やむなしと覚悟する。三月二日付のカーペンターあての手紙をみると、

したがって、この二、三週間のうちに事情はすべて落着くことになりましょう。どうか小生について、そう御心配下さいませんように。小生は、放浪者であることに慣れております。小生は、まるで昔のフランシスコ修道会の托鉢修道士のようであります。

と、いささか破れかぶれの様子である。

石川は、ミルソープにカーペンターをふたたび訪問し、それから日本に帰る計画であった。しかし船賃の調達がどうしてもできず、さりとて強制送還で「無賃帰朝」は彼の信条が許さ

ず、進退ここにきわまったが、その時、ブリュッセルから救いの手が差しのべられた。運命の女神はこの時も、最後の土壇場に来て、石川にほほえんだのだ。

四月十三日付、堺利彦にあてた石川の葉書は、この間の消息を伝えている。

滞英四箇月又々ここも喰詰めて再びブ府に逆戻り、ドウヴア海峡を渡るのは明日と相成つた、行先が又如何相成ることやら誠に心許ない。先日カ翁の家から端書を出した時には、愈々帰国と確定、諸方から餞別など貰ひ集めた所、大切肝腎の旅費が出来ないで、是れも無期延期と相成つた、先日ハアデーとハインドマンの演説を見た、大部分は見たのだ。トラファルガルでサフレジエットと警官の市街戦も見た。痛快なものだ。ブ府のアドレスは左の通り。

15 Rue Emile Banning, Ixelle, Bruxelles, Belgique.

（倫敦（ロンドン）郊外にて、四月十三日、石川三四郎）（『著作集7』）

「一人前になれた！」

イギリスで進退きわまった石川に救いの手を差しのべたのは、エリゼ・ルクリュの甥で、やはり地理学者のポール・ルクリュである。

ポール・ルクリュは、一八九三年、パリで起こったアナキストの国会爆破事件に連座し、欠席裁判で二十年の重懲役の判決を受け、以来、亡命生活に入り、石川と出会った時は、ブリュッセルにある革新系の大学、新大学の教授であった。

このポールに石川を引き合わせたのは、たまたまベルギーにいた中国の革命家褚民誼で、褚は石川たちが画策していた袁世凱暗殺の謀議に参画するべく馳せ参じたのである。なお、褚は日中戦争当時、汪兆銘政府の外交部長となり、戦後、漢奸罪で処刑された。

袁世凱暗殺計画と石川三四郎はあまり結びつかない話だが、本当にあったのだから面白い。日本で八方ふさがりになった石川を、ヨーロッパへ亡命させたのがふたりの外国人同情者であることはまえに述べたが、そのうちのひとりは中国の女性革命家鄭毓秀（ていいくしゅう）、いまひとりはベルギーの外交官で社会主義者のゴベールである。

石川がブリュッセルに到着して数カ月たったある日、東京から送られて来た新聞に、鄭が袁世凱暗殺未遂の廉で処刑された、という記事が載っていた。おどろいた石川は、早速、ニューヨークに転任していたゴベールにそのことを知らせるとともに、パリの中国人の知人にその真否を問いただした。ゴベールは上司の許可もなしにブリュッセルへ飛んで来た。彼は石川から事情を聞くや、はらはらと涙を流し、鄭処刑に対する報復を誓い、石川もまたそれに賛同した。

後年、石川が書いた「爆弾の少女」（『解放』第五巻第二号　大正十二［一九二三］年二月初出、のち『一自由人の放浪記』昭和四年、に所収）をみると、ふたりともかなりエキサイトしていたようだ。

「私は復讐しなければならない。私は復讐する。必(き)つとする！」

そう言ふG君の顔は真ッ赤になつて居た。神経だつた両の手はブル〳〵震へて居た。

「君は私を助けてくれる心はありませんか？　憐むべきC女の為に！」

私を見上げたG君の眼には決心の色が輝やいて居た。

「助けるどころか、私の生命は君とC君とに捧げる。どんなことでもする！」

感激が胸に迫つて、言葉も自由に口から出ない私が、僅かにかう言ふと、Gは如何にも嬉しそうに、私の手を強く握つてブル〳〵振はした。

しかし、そうはいっても、ベルギー人と日本人だけでは報復はむずかしい。石川はパリの鄭の友人に手紙を送り、中国人同志の応援を頼んだ。さきほどの褚をふくむ数人の中国人とゴベールと石川は、石川の下宿の狭い一室で密議をこらし、ともかくそれぞれ中国へ渡る旅費をつくり、なお、念のため鄭処刑の記事の真偽を確めることになった。

幸か不幸か、この記事は誤報であったことがまもなく分り、暗殺計画はもちろん沙汰やみになった。

褚が旧知のポール・ルクリュに石川を引き合わせたのは、その折のことである。だが、もし本当に鄭が処刑されていたら、石川は中国に潜行して、袁世凱を暗殺しようとしただろうか。この時、石川は三十七歳、十代、二十代の若者であればともかく、自らを恃むこと高く、人間について、社会について深い洞察を抱く壮年である。「虚無の霊光」を説く哲学者である。

ふつうなら、答えはノーであろうが、石川の場合は、事の成否はともかくとして、北京に潜り込んで、報復に身を挺すべく全力をあげたように、わたしにはおもわれる。

いっさいの打算をすてて、「天我をして自らを示現せしめ」（「流人語」）るところに、石川の面目があり、そこに徹しえたゆえに石川は、田中のあとを追って魂の導師になれたのではないだろうか。

いずれにしても、この不発に終わった「快挙」が縁で、石川はルクリュ家という最上の庇護者を得、念願の労働生活に入り、つつがなく亡命を続けられただけでなく、第三の師であるエリゼ・ルクリュの人格と学問に、エリゼ自身はすでに亡くなっていたが、触れることができたのだから、石川の「至誠」は天に通じたというべきであろう。

こうして日本を脱出してまる一年目に、漸くポール・ルクリュ家に落着くことのできた石川は、自立への第一歩としてルクリュ夫人から本格的にフランス語を学ぶとともに、新大学のポールの同僚の世話で、ブリュッセルの室内塗装・装飾工房で働き始める。

この工房は、ふだんは五、六十名の職人を使っていたというから、かなり大きい方である。同志からもらった白い仕事着をつけて、左手にペンキの入ったバケツを提げ、右手に大きな刷毛を持ち、毎日十時間、「両梯子の頂上に立って高い天井裏に下塗り」をする仕事は、相当な重労働であった。


……最初の二、三日は発熱して夜分もよく眠れなかった。殊に梯子の頂上に立つ足の緊張とその疲労は甚だしかった。一度すべれば生命はなくなる。危ない芸とうだ。けれどもこの場に及んでは一心不乱であった。今思っても戦慄を禁じ得ない仕事が事もなく遂行された。環境が私を鍛えてくれたのだ。（『自叙伝』）

日本にいる時も、あれこれ仕事を物色して、ペンキ屋ならなんとかものになりそうなので、弟子入りする直前に、体がわるくなって挫折したことは、まえに述べておいたが、こういう仕事が石川には向いていたのだろう、就職五日目にして、「壁面に大理石の模様を付ける少少芸術的な仕事」、つまり装飾職人の方へ廻された。

工房の主人は不思議と石川に目をかけてくれたらしい。紹介者が知人の新大学教授だったからか、あるいは石川の真剣な仕事ぶりが気に入ったからか、たぶん、その両方であろう。

こうして、巣鴨監獄を出てからの念願であった「独立自由な労働生活」は、漸く七年目に、異国の地で実現されたのである。

……そして私は、生まれて初めて大空の下で腹一ぱいの呼吸をしながら、自分自身を生きるという喜びにひたることができた。これで俺は一人前の人間になれたのだ、という自覚をはじめて経験することができた。それと同時に私の健康状態も全く一変するに至った。宿痾の気管支カタルも何時の間にか消え去って、十年来借りもののように感じられた身体も、ほんとうに自分のものになったと思われた。

と、石川は「私の精神史」で回想している。

しかし、好事、魔多しで、漸くにしてかち得たこの労働生活も、わずか三カ月あまりで打ち切らざるをえなくなる。

石川がドーバー海峡を往ったり、来たりしている間に、ヨーロッパ大陸には戦雲がたちこめ、七月二十八日、ついに第一次世界大戦が勃発したからである。

八月三日、ドイツ軍はなだれを打ってベルギーに侵入し、二十日には首都ブリュッセルを占領する。戦場となっては、もはや室内装飾の仕事どころではない。

工房は閉鎖同様となり、主人の信用厚い石川がひとり留守番をつとめることとなった。

以後、翌年一月、ブリュッセルを脱出するまで、五ヵ月の籠城となる。この間の石川の動静は「籠城日記」（『著作集2』）に詳しいが、籠城の最中、『萬朝報』に向けて書いた「日本国民様へ」（『著作集2』）は、当時の石川の感慨をよく伝えている。

亡命中石川が、萬朝報社「特約員」として通信を送っていたことは、前章に述べたとおりだが、横浜を出立以来、じつにこまめに寄稿しており、また取材にも歩いている。食うや食わずの落着かない貧乏暮しのなかで、律義なことに頭が下がる。

「日本国民様へ」は、十月十二日、一足先にルクリュ夫妻がフランスへ脱出する折に、あわただしく書かれ、夫妻に托したのだが、日本には届かなかったようで、『萬朝報』には載っていない。

論点は三つあり、ひとつはベルギーのブルジョアが戦わずしてドイツに降伏した裏切り行為、もうひとつはそれと対照的なフランス国民の挙国一致態勢で、それはこの戦争が「人道の為の戦争」という立派な大義名分に基づいているからだ、と拍手している。

三つめは日本の参戦問題で、この参戦は、「日本が近き将来に於て米国と戦争する準備だ」と、ヨーロッパでは「車力の小僧君から飯炊婆さんまでが」話していると報じ、次のように警告する。

西欧文明が根底から動乱し始めて居る今日、唯だ迂潤に調子附いて居ると飛んだ処で躓かねばなりますまい。私は米国がアの富とアの元気とを深く貯へて、而もヂツと黙して視て居るのが、如何にも偉大に思はれます。之に比すると日本の行動が如何にも小才子に見へて、思はずも冷汗が出ます。

日本は其人口から言つても、其面積から見ても、既に立派な大国です。併も独り、政治家といふ下等人種が小才を弄して、国民を過り、東洋を過り、人道を過らんとするは、実に慨はしいことではありません乎。

大正三［一九一四］年、第一次世界大戦開始直後に、日米戦争を予見した日本人は、そう多くはいなかっただろう。

翌大正四［一九一五］年一月、やっとブリュッセルを脱出できた石川は、イギリスを経由してパリでルクリュ夫妻と再会し、しばらくパリ近郊に住むが、そこにもいられなくなり、中部フランスのドムという小さな町へ移る。

ドムはドルドーニュ河に沿った、「四面断崖絶壁を繞らした三百メートル以上の高丘上に建てられた封建城市で、今も尚ほ中古の姿を多く其儘に保存した古風な町」（「馬鈴薯からトマト迄」『著作集2』）である。

この町にはポール・ルクリュの家があり、ルクリュ夫人はそこで療養につとめていた。ブリュッセル脱出以来の心労が重なり、半身不随になったのだった。だが、ポールの方は仕事があってパリを離れるわけにいかず、だれか親身な付添いをということで、たまたま家主から追い立てをくっていた石川が行くことになったのである。

石川にとってドム行きは願ってもない機会であった。なぜならブリュッセル以来の大恩にいささかなりとも報いられるわけだし、それにもうひとつ、夢にまで見た百姓生活が始められるからである。

装飾職人の労働もわるくはないが、石川が本当に望んでいたのは、ミルソープでカーペンターがやっていたような百姓生活、のちに石川は土民生活と呼ぶのだが、であった。だが、それには土地が必要である。

ドムのルクリュ家には一町歩ほどの畠があり、人手がないので荒れたままになっていた。まるで石川の到着を待っていたかのようである。

> 欧羅巴(ヨーロッパ)に漂浪のみぎり、私は五、六年の間、仏蘭西(フランス)で百姓生活を営んで来た。馬鈴薯が枝に実ると思つた程無智な素人が、トマト、オニオン、メロン、コルフラワア(ママ)から、人蔘、カブラ、イチゴ、茄子、隠元、南瓜まで、立派に模範的に作れる様になつた。果樹の栽培もやつた。葡萄酒も造つた。林檎酒も造つた。町の人々が来て、私の畠を、農事試験場の様だと評したほど種々なものを試みた。米も、落花生も作つて見たが、之は全然失敗に終つた。

労働も可なり激しかつた。殊に夏は、最も繁激な時期である。朝四時から夜十二時まで働き通すことが屢々あつた。収穫から、罐詰、殺菌まで一日の間に成し終らねばならぬ物になると、どうしても斯うならざるを得ないのである。其代り、斯うして青い物を保存して置くと、真冬の間でも、新鮮な青物を常に食膳に載せることが出来る。主として菜食主義の生活をするものには、之は必要欠く可からざる仕事であつた。

（「百姓日記」『著作集2』）

と、石川は記している。

石川のドムでの百姓生活は、大正五［一九一六］年六月から、帰国する大正九［一九二〇］年七月までの四年二カ月に及んでいる。その間、半年ほど夫人の病気療養のためにモロッコへ行ったり、時たまパリへ出たりはしているが、大半は夫人の介抱と畑仕事に明け暮れる毎日であった。

石川の世話で、ドムのルクリュ家に手伝いに来たしひな・そのじは、

ドムに於ける石川さんは、何と云う誠実さをもつてマダムの介抱に努められたことか。夜中でさへ少くとも一度は必ずマダムの様子を見に行くのであつた。ひるマダムの方が暇になると私共は大概一緒に野菜畑葡萄畑などの仕事をしたが、石川さんはよ

くねむいねむいと云つていた。それでも夕食後十二時頃までは菩提樹の覆ひかぶさつた窓の前で、石油ランプの黄色い明りをたよりに、こまかい、綺麗な文字をつらねることを怠らなかつた。

（「石川さんを想ふ」『著作集2』月報2）

と回想している。

夕食後の原稿書きは、おそらく大半が『萬朝報』への通信であったろう。ドム時代に石川が送った記事は、じつに二百回に近い。

しひなの回想によると、石川は主として『ルタン』という「資本主義の大新聞」を、「精読し、批判し、自ら判断」して、執筆したらしい。「『なあに、此の新聞の逆を行くだけさ』とじようだんを云つたこと」もあるそうだ。

大正六［一九一七］年、ロシア革命が起こってまもなくのころ、まだアメリカにいた片山潜から革命のために「大いに運動を起こしたいから先づアメリカに来ないか」という手紙が舞い込んだ。

クロポトキンはじめ多くのロシア人亡命者たちが喜び勇んで母国へ帰って行った時である。石川も「飛び立つばかり行きたかつた」（「進歩への一転機」『著作集3』）。

しかし、病床にあるルクリュ夫人をひとりおいて、アメリカへ、従ってまたロシアへ行くことは、石川にはどうしてもできず、この誘いを謝絶したのである。

このまえの袁世凱暗殺計画の時もそうだったが、石川はあくまでも抽象化された理念に燃えて動きだすのではなく、具体的なひととひととの関わりのなかで、行動するひとであった。自分の生命を救ってくれた鄭毓秀が殺された、となれば、報復のために生命を投げだすことをいとわない。それとおなじように、やはり生命の恩人であるルクリュ夫人の介抱の方が、ロシア革命より自分には大切だと、そういう判断のできるひとなのである。

ドムの百姓生活は、ただ石川に農業技術を教えただけではない。やがて土民哲学に結実していく、思索の土壌でもあった。

「虚無の哲学」から「土民の哲学」へ、石川の魂がもう一段、地に着いた高まりを示すはずみとなったのである。

帰国してまもなく発表した「土民生活」（『著作集2』）に、ドム時代の日記が一部引用されているが、それからも石川の思索生活の一端を窺い知ることができるだろう。

「稚い緑りの草の葉は、時々微風に戦(そよ)いで幽(かす)かに私語(ささや)くことさへあるが、マルゲリトは何時も静かに深い沈黙に耽つて居る。其小さな清らかな、謙遜な面を揚げて、高い大空と何かしら、無語の密話を交はして居る。空には一点の雲も無い。色彩を好む我々には頼りない程澄み渡つて居る。彼の際涯無き大空に対して、アの細やかなマルゲリトは抑も何事を語るであろう」

（一九一七年四月二十六日）

「種が無ければ芽は生へぬ、蒔いた種は時を得て生へる。花を愛し実を希ふものは、先づ種を蒔かねばならぬ。恐るべきタイラント〔昼の暑熱のこと〕も却て地層突破の動機たることを思へば、不幸の間にも希望がある。恐怖の間にも度胸が坐る。種を蒔く者は幸いだ」

（一九一七年五月五日）

V　深く、静かに土着する

西欧文明を疑う

ヨーロッパの地を踏んで一カ月もたたぬのに石川は「野蛮人の文明観」（『著作集2』）と題する短い評論を書き送っている。『新日本』七月号（大正二〔一九一三〕年）に掲載されたこの評論には、たぶんにカーペンターの影響がうかがわれる。

まず表題がそうである。「高貴な野蛮人」というのがカーペンターのニックネームで、石川はそれを知っていたに相違ない。そして弟子たる石川も「野蛮人」と自称したのであろう。日本を離れるまえに、石川はすでにカーペンターの文明批評の代表作である『文明、その原因および救治』を愛読し、翻訳を試みたほどだから（この翻訳はその後、訳出されていることが分り、中止になった。もっとも晩年に全訳している）、西欧文明に懐疑的、批判的であって不思議はない。

「野蛮人の文明観」は、日本にいて書物を通して得た批判を、実地にたしかめた記録として意味があろうが、それ以上のものとはいえない。

しかし、滞欧六年、つぶさに辛酸をなめ、またカーペンターやルクリュ一族をはじめとするすぐれた知己と親しく交わったのちに書かれた「文明進歩とは何ぞ」（『著作集2』）となると、重味がちがってくる。

この論文の執筆年月や初出誌は未詳だが、文中に「予が六年前初めて欧羅巴（ヨーロッパ）の都会生活に入りたる時の感想」（「野蛮人の文明観」などを指すのであろう）とあり、また「世界は今や殆ど二分して相敵対し……」とあるところから、大正七［一九一八］年に入り、第一次世界大戦の終った十一月以前に書かれたものと推定できる。

石川がこの論文で試みているのは、たんなる西欧文明の印象批評ではない。西欧近代のキイ・ワードである「文明」「進歩」「自然征服」を取りあげ、その根底に迫っていく。

たとえば、次のようにである。

……私は此自然征服の愚想が、又一種の近代文明病から流出したものであると思ふ。昔の人間は自然を恐れた。今の文明人は自然を敵として之を征服すると言ふ。大きな家を建て、夏は煽風器、冬は発温器を備へて、自然の寒暑と闘ふのだといふ。結構なことではあるが、此様な生活を続ける人間が遂に柔弱となり多病となりて、頽廃民族となることは歴史の示す処である。自然征服の思想は、自然と人間とを隔離させた。人間自身が自然の子であることを忘れさせた。そして近代人の心を淋しくした。

たしかに近代になって生産力は増大し、社会生活は拡大され、複雑になっている。「『文明』の弊毒、『進歩』の災害」が久しく指摘されているにもかかわらず、「近代科学、商業主義、数量主義（品質主義に対するもの）、機械主義の現代を謳歌する者」の数は少しも減らない。「世界の人類は『進歩？　進歩？・』と唱へて進歩の奴隷となつて来た」。

その揚句の果てが今度の世界大戦である。「幾百万人の死傷者を造り、労働を浪費し富と美術とを破壊し、百日の説法屁一つといふ狂言を行つて居る。そして是れが所謂『文明』『進歩』の結果」にほかならない。

ヨーロッパ人は、「亜米利加の物質文明、成上り根性、大事業主義」を口をきわめて嘲罵するけれども、「東洋人たる私から見ると、欧羅巴人の物質主義は、其病膏盲に入つて居ると思はれる。そして大病毒は又た日本を侵して猖獗を極めて居ること恰も欧羅巴が米国化しつゝあると同様である」。

このように現状を診断する石川は、問題の根っこは、進歩とはなにか、に帰するのではないか、と考えるのである。

いったい、無限の宇宙のなかで有限の生活を営む人間にとって、「何の進歩、何の退歩がある？」か。「無限界に於ける万物の生活には諸行無常はあれども進歩は無い。従て退歩もありやうが無い」。

だが、諸行無常だからといって、「一切他力に委せて極楽往生」すればよいか、といえば、そうはならない。「本来無一物」である人間はなにを他に委せるというのか。そしてまた、極楽往生というけれども、そもそも極楽とは「吾等の真に願望する境界」のことではないか。

然るに此本来無一物なぞと澄まし込む人間が、悲しい時には泣きもし、嬉しい時には笑ひもする。人間なれば人情はある。智慧が徹底すればする程、此人情は益々醇に益々深くなる。そして此人情の眼が開けて諸行無常の世界を眺める時、茲に同情慈悲の涙が湧いて来る。人情は涙ながらに無常の浮世と相抱合する。此抱合に依りて茲に可愛い子が産まれる。之を理想といふ。此有限の人情と無限の自然と抱き合ふて孕まれたる理想は即ち有限ながらにして無限と縁を深密に保つて居る。若し吾等の生活に「進歩」がありとするならば、其進歩は即ち此理想を目標としたもので無くてはならぬ。

石川は「私の精神史」のなかで、ヨーロッパ放浪の収穫として、「自由」の具体的な体得と「文明」への疑惑のふたつをあげ、その結果、「自然的必然的進歩の思想は私の信念から消え去」

り、「東洋の、殊に仏教の無常観に思想の方向を傾けるようになった」と述べている。「文明進歩とは何ぞ」は、この回想を裏づける著作といってよいだろう。

石川にいわせれば、いくら速力が早くとも、あるいは積量が巨大で、設備が整っていても、この理想を目的地として航海するのでなければ、その船は「業欲の大洋に漂ふ」漂流船にすぎず、そこには進歩も退歩もなにもない。肝心なのは、有限にして無限に連なる理想をしっかり目的地に設定し、そこへ向かって邁進することである。

石川は、ルクリュの『地人論』第六巻の「最後の結語」を引いて、この論文の結びとしているが、この「最後の結語」はその後もしばしば引用されている。よほどわが意を得た文なのであろう。次に掲げておく。


幸福とは、人が自己の欲する一定の目的に向つて進むといふ意識にある。吾等の起源、吾等の現在、吾等の近き目的、吾等の永遠の理想を達観し、体現して、地球そのものと一体になり、また人類一体の意識をも確かに握り、人類や動物や植物やの各自の生活に適するやうに環境を分配し整理し、吾等の庭園即ち地球面を耕作し、吾等を囲繞する陸と海と大気とを整頓する。乃ち此の如くにして始めて進歩は行はれるのである。

（「解放の力学」『著作集3』）

これは今様にいえば、エコロジー的発言であり、ルクリュもカーペンターも、その弟子である石川も、今日のエコロジーを先取りしたひとたちであった。

帰国第一声

大正九［一九二〇］年十月三十日、石川は八年ぶりに帰国した。

石川の帰国は、第一次世界大戦が終った時から問題になっていた。石川自身、帰国するか、それともヨーロッパに永住するか、迷いがあったらしい。だが、結局、石川の心中にひびく「日本よ、日本よ」という叫びに抗しがたく、病床のルクリュ夫人をおいて、帰国を決意したのである。

五十日の船旅を終えて、日本に帰って来た石川を真先におどろかしたのは、物価の高いことだった。それから東京の「乱雑不規律」ぶりであった。

日本に着いて一週間とたたないうちに、石川は「此大病の日本にウンザリして来た」と、帰国早々『改造』十二月号に発表した「日本印象記」（『著作集2』）で、悪態を吐いている。

この「日本印象記」を書きあげてまもなく、石川は新人会に招かれて、帰国第一声の講演を、東京帝国大学法学部三十二番教室でやっている。十一月十七日のことで、演題は

「土民生活（デモクラシー）」である。

東京帝大で「主義者」（当時は社会主義者も無政府主義者も一括してこう呼ばれていた）が講演するなどは破天荒な事件であったが、亡命者の八年ぶりの帰国という珍しさが、話題を呼んだのだろう。

当時、法学部の学生で、新人会の会員だった住谷悦治は、その日の日記にこう記している。

> 石川三四郎氏の土民生活（デモクラシー）と言ふ演説を三十二番教室にてきく。人間的な而もおちついた石川氏の演説には全く感動させられた。石川氏はわが師と仰ぐに足る人物である。終つて第二学生控所で十数人が石川氏を中心に懇談会を開く。非常にいい会合であつた。……

懇談会の席で、列席者がこもごも自己紹介をする時に、住谷青年は日ごろの悩みを打ちあけた。いま自分は社会主義に共鳴し、社会運動に身を投じようとしているが、自分の立身出世を期待している郷里の父母兄弟や知人を裏切るのがとても辛い、それが自分の悩みだ、と率直に語ったのである。

話し終わるとすぐ、あちこちから、なにをいまさらそんな感傷的な、という非難の声があがり、住谷は頭を垂れてしまうが、その時助け船を出してくれたのが石川であった。

住谷は、生涯忘れられぬ思い出として、その日の石川の話を、「石川三四郎先生と私」(『著作集5』月報3)のなかで語っている。

――いまのかた(私)の仰言ることはもっともだ。最高学府へ出ている若い方としては止むをえない悩みではあろうと思う。しかし私たちが真実と誠意をもって行動したことには両親も必ず信頼するに違いない。私の母は、私が二回も牢獄に入れられたことを不思議に思っていました。三四郎にかぎってはけっして人様に悪いことをするような児ではないと言って、ビクとも心をうごかさなかった。私に兄が二人ありますが、一人は感心しませんが、他の一人の兄は三四郎は中々偉い人物だから、と言って母を慰め力づけていいます。とにかく親には誠実につくすべきですし、いっさいの解決はけっきょくその人の誠実さということに懸っていますから、それさえ覚悟がきまれば、何も悩むことはない、と先生自身が涙声でしみじみ述べられた。

石川の声涙ともにくだる話は、住谷の魂に染み込まずにはおかなかったろう。「石川三四郎先生は、そのはじめから私にとってはまさに生涯の先生であった」と、住谷は述懐している。石川の帰国第一声は、このように聞く耳を持つ者にとってはひとつの福音であった。それも本番の講演もさることながら、あとの懇談が光っていた、というのがいかにも石川にふさわしい。

石川には、木下のような弁舌さわやかなアジテーターの才能は乏しかった。むしろ諄々と静かに、ことばを選んで話すタイプであった。だから石川の演説を聞いて、そのことばに酔い痴れるようなことはまず起こらないが、そのことばを反芻する時、自ら味がにじみ出てくるのであった。

石川は、この時の演題とおなじ表題の論文「土民生活」(『著作集2』)を、翌大正十〔一九二一〕年四月に発表している。掲載誌は日本社会主義同盟の機関誌『社会主義』である。この論文は講演原稿そのままではないが、論旨に変わりはあるまい。

日本社会主義同盟は、社会主義者の共同戦線を目ざして、ちょうど石川が帰国した直後に結成されたが、翌年五月の第二回大会以後、大杉栄らアナキスト派と堺利彦、山川均らボルシェヴィキ派の対立が激しくなり、いわゆるアナ・ボル論争の開始となる。

当時を振り返って、石川は次のように述べている。

一九二〇年の末に日本に帰つて見ると、日本の社会運動はほがらかに隆盛を極めてゐた。レーニンの肖像なぞが、神符でもあるやうに飾られて礼拝されてゐた。そして其礼拝者は思ひもよらぬサンヂカリストと称し、或はアナキストとまで称してゐた。私は少々とまどひした。けれども一方では今日の総同盟までがサンヂカリストでなければ生きて行けないといふ時勢であつたから、自称アナキストがレーニンの肖像をかつぎ廻るのも不思議はない筈だ。だが併し、思想界の混乱といふことから言へば、今日〔昭和十年〕よりも遥かにあの当時がひどかつたと私は思ふ。

（「進歩への一転機」『著作集3』）

こういう状勢のなかだから、論文「土民生活」は「此の熱病につかれたやうな人々に冷水をぶちかけるやうなものであつた」。

しかし、頭を冷やされて、目を覚ましたひとは、数えるほどもいなかったようだ。それが「時勢」というものであろうが、石川は超然としてわが道を進んでいく。

石川には、我流のことばを造語する癖がある。まえに出て来た「虚無の霊光」や「流人」がそれだが、「土民生活」もおなじである。

石川によると、「土民生活」とは「真の意味のデモクラシイといふことである」。

石川の師カーペンターが魂をこめて綴った詩集は〝*Towards Democracy*〟と題されており、石川はミルソープでカーペンターと語り合った時、この書名は、アメリカ人がふりかざすデモクラシーを連想させ、この詩集の内容にふさわしくないのではないか、とクレームをつけたことがある。

それに対してカーペンターは、「多くの友人から其批評を聞きます」と言いながら、ギリシャ語の「デモス」とは、「土地につける民衆」、つまり「土着の民」を意味しており、アメリカ流のデモクラシーはその本来の意味を失っているのだ、と説明してくれた。

それではこの「デモス」の本来の意味を含意している日本語はなにか、と尋ねた揚句、発見したのが「土民」である。

石川はのちに、「農本主義と土民思想」（『著作集3』）で、土民を次のように定義している。

……歴史上に於ける「土民」の名称は叛逆者に与へられたものだ。殊にそれは外来権力者、または不在支配者に対する土着の被治被搾取民衆を指示する名称だ。「土民」とは野蛮、蒙昧、不従順な賤民をさへ意味する。温情主義によつて愛撫されない民衆だ。その上、土着の人間、土の主人公たる民衆だ。懐柔的教化に服さず、征服者に最後迄反抗する民だ。日本の歴史に「土民起る」といふ文句が屢々見出されるが、その「土民」こそ土民思想の最も重要な気分を言ひ現はしてゐる。

土民は土の子だ。併しそれは必ずしも農民ではない。鍛治屋も土民なら、大工も左官も土民だ。地球を耕し――単に農に非ず――天地の大芸術に参加する労働者はみな土民だ。土民とは土着の民衆といふことだ。鍬を持つ農民でも、政治的野心を持つたり、他人を利用して自己の利慾や虚栄心を満足するものは土民ではない。土民の最大の理想は所謂立身出世的成功ではなくて、自分と同胞との自由である。平等の自由である。

一方、「クラシー」を「生活」と訳したところにも、当時の石川の苦心が読み取られる。デモクラシーのふつうの訳は、いうまでもなく民主主義で、それに準じるとすれば土民主義となる。それでもよさそうなものだが、主義といわずあえて「生活」としたのは、おそらく当時の「主義者たち」の足が地についていない言動を苦々しく感じていたからであろう。土着の民衆性を強く訴えるには、「生活」というのが最もふさわしいと考えたからであろう。

さてそこで、帰国第一声の論文「土民生活」だが、これはなかなかの名文である。石川は決して名文家ではなく、文章に凝るひとではないが、この論文には格調があり、思わず朗読したくなるようなリズムがある。「土民生活」というようなおとなしい題名でなく、むしろ「土民宣言」というにふさわしい。ずいぶん力を入れて執筆したのだろう。

「人間は、自分を照す光明に背を向けて、常に自分の蔭を追ふて前に進んで居る。固より其一生を終るまで、遂に其蔭を捉へ得ない」という書き出しにはじまるこの論文は、すでに『虚無の霊光』で展開されている光と蔭のドラマを基調にすえている。

「人間は、輪廻の道を辿つて果しなき旅路を急いで居る」。ここでいう人間は、「常に自分の蔭を追ふて前に進んで居る」人間をさす。彼らには「自ら落着くべき故郷も無く、息ふべき宿も無」い。旅の恥はかき捨てとばかりに、「平気で不義、破廉恥を行ふ」のである。その意味で「今の世の総(すべ)ての人は、悉く異郷の旅人」だ、と石川は断じる。

決して捉えることのできない蔭、我欲、「無明の欲」をわれさきに捉えようとする人びとは、ついに「疲れ果てゝ地に倒れ」る。その時、人びとは「幻滅の悲哀に打た」れる。「国家、社会が、幻滅の危機に遭遇したる時、乃ち〇〇〇〇〇〇〔大変革が来る〕のである」。

ここで論文は一転して、光の場面に移る。

抑も吾等は地の子である。吾等は地から離れ得ぬものである。地の回転と共に回転し、地の運行と共に太陽の周囲を運行し、又、太陽系其ものの運行と共に運行する。吾等の智慧は此地を耕やして得たるもので無くてはならぬ。吾等の幸福は此地を耕やすにあらねばならぬ。吾等の生活は地より出で、地を耕し、地に還へる、是のみである。之を土民生活と言ふ。真の意味のデモクラシイである。地は吾等自身である。

『虚無の霊光』では、蔭を払って、「誠のすがた」を見出し、「天真の霊光」に浴するためには、まず虚無へ帰れ、と説かれていたが、その虚無の中身については、「神虚無なり、我虚無なり……」といった具合で、きわめて観念的であった。

また、その後、ヨーロッパでの体験をふまえて書かれた「文明進歩とは何ぞ」をみても、人間が目ざすべき「理想」についての説明は、非常に哲学的であって、その内容は漠としてつかみどころがない。

この「土民生活」にいたって、漸く石川が描く「理想」の世界像が見え始めたのである。このあと、前章に引用しておいたドム時代の日記が紹介され、人間は「地と共に生きるの外に、何事も為し得ず」、いかなる美も、いかなる智慧も得られぬゆえんが説かれる。「然り地を耕すは、即ち吾等自身を耕す所以である」。

いま世界はあげて「生活の改造」を唱えているが、その多くは「幻影を追ふてバベルの塔を攀(よ)ぢ登るに過ぎない。ミラアジを追ふて喧騒するに過ぎない。幻滅の夕、彼等が疲れ果てて地上に倒るゝの時」、バベルの塔は地の回転とともに崩れ落ちる、と石川は予言する。

これが今日の現況を指すものでなくて、なんであろうか。

「地の運行、ロタシヨンとレボリユシヨンの運行」、これはそれ自体が楽であり、舞であり、詩なのだが、「俗耳」「俗眼」「俗情」にはそれが聞けないし、見えないし、分らない。「地の子、土民」にしてはじめて地の芸術に参加しうるのである。

> 地のロタシヨンは吾等に昼夜を与へ、地のレボリユシヨンは吾等に春夏秋冬を与へる。此昼夜と春夏秋冬とに由りて、地は吾等に産業を与へる。地の産業は同時に又地の芸術である。芸術と産業とは地に於ては一である。地の子、土民は、幻影を追ふことを止めて地に着き地の真実に生きんことを希ふ。地の子、土民は、多く善く地を耕して人類の生活を豊かにせんことを希ふ。地の子、土民は、地の芸術に共鳴し共働して穢

れざる美的生活を享楽せんことを希ふ。土民生活は真である、善である、美である。

「土民生活」はこのように結ばれている。

石川の魂はここに最高の表現を得、以後、動くことはない。四十五歳であった。孔子のいう「四十にして惑わず」におくれること五年である。

半農生活に入る

石川は帰国して四年目の大正十二［一九二三］年九月一日、関東大震災に出会う。

この時、大杉栄、伊藤野枝、平沢計七、河合義虎ら「主義者」や、数千にのぼる朝鮮人が虐殺されたことは、よく知られているとおりである。石川自身も滝野川署に保護検束されている。

また、石川が大正十［一九二一］年、再度渡欧して、購入方を取りしきった新大学ルクリュ地理学研究所の蔵書六万冊も、深川の倉庫で灰となった。その知らせを受けたポール・ルクリュは、「あの噴火山の讃美者エリゼの図書が地震の為に虚無に帰したなんて、此の上もない結末ではないか！」と言ったという。

石川は、この二度目の渡欧の時から、ふたたび『萬朝報』に、ほとんど毎月のように寄稿しており、震災についても、大正十二〔一九二三〕年十月十九日から二十三日まで五回にわたって、「魂の復興」（『著作集2』）と題する評論を寄せている。

石川は、そこで関東大震災を「実に無思慮な軽薄な卑しむべき西洋模はう、自然破壊の罪に対する当然の懲罰」としてとらえる。数十万の罹災者の不幸さえなかったら、今度の震災ほどかねての自分の希望をかなえてくれたものはなかった、とさえ極言している。

帰国直後に書いた「日本印象記」で、石川が東京の「乱雑不規律」ぶりを手きびしく非難したことは、すでに述べておいたが、東京の醜い姿は石川の審美感には耐えがたかったらしい。

だから東京が灰燼に帰した今こそ、東京の魂、東京の伝統が復活するチャンスである。自然がくだした「懲罰」の真意をよく理解し、これまでの自然破壊の罪を深く懺悔し、心をいれかえて、復興に臨まなくてはならない。

この魂の復活が第一着手である。ある西洋人は「東京は都会では無くて村落の大きいのだ」と批評したそうだが、村落、大いにけっこうである。ロンドンやベルリンやニューヨークのような大都会にするよりも、「村落の集合」体として、自然を活かし、各区ごとに「鎮守の森」をおくといい、と提言している。

しかし、それには魂の復活が先決であって、「若し此深いざんげ悔の心を以て是等の新施設を考慮せぬならば、今日如何なる設備を行うても、また再び今日の悲惨事を結果するに至るであらう」と、警告する。

この警告に耳を藉さなかった東京は、昭和二十〔一九四五〕年の大空襲で、石川の予言どおりふたたび灰燼に帰したのである。

大震災後しばらく、石川は日本フェビアン協会に、農民自治会に、さらにはサンジカリズム系労働組合に参画し、執筆や講演や学習に忙しい日々を送るが、その間にあってもなお、ミルソープやドムの百姓生活への夢は捨てていなかった。ただ、土地が手に入らないために、不本意ながら百姓生活から遠ざかっていたのである。

しかし、遂に待ち望んだ土地を手に入れる日が訪れた。昭和二〔一九二七〕年三月、場所は蘆花の住む恒春園のほど近く、おなじ東京の郊外北多摩郡千歳村の一角である。手に入れた、といっても借地で、宅地百三十七坪（地代月額坪二銭）、畑地一反八畝二十六坪（地代年額一反歩十五円）であった。この広さではとても自給自足は望めないが、それでも石川は満ち足りていた。

この土地が石川の終の栖となるのである。

石川の百姓生活はジャーナリズムでも話題となり、読売新聞の記者が取材に来、「半農生活者の群に入るまで」（『著作集3』）という見出しでかなり長い談話を載せている。

ヨーロッパ放浪中に見聞し、またドムでは実際に体験した百姓生活を披露した石川は、日本に帰ってからも百姓生活をやるつもりだったが、「事、志しと違つて、生活にばかり追はれて、今日迄騒がしい生活を送つて来た」と話す。どだい土地がないのだから、百姓生活に徹するにはむりがあるし、文筆労働で暮らしをたてて来た報いで、専門の、一人前の百姓をやれるだけの体力もない。だからいまは「半農生活」でいくしか仕方がないが、ここを出発点にして、できるだけ仲間を集め、もっと山奥の、捨てられた土地をさがして、そこで自給自足の村づくりをしてみたい、それが私の社会運動になれば面白い、とも語っている。

そして最後に、

今日は無産政党の盛んの時だけれど、私は余りこれに興味を持たなくなつて、何だか隠遁生活じみてゐるやうだが、決して隠遁するつもりではないのである。寧ろ、これからほんとの私の積極的の生活になつて行くと信じて居る、バヴェルの塔を望んで狂奔してゐたのでは、百年千年待たうとも、落ち着く先は見当らぬ。

と、力強くしめくくっている。

この記事にはまた、愛犬テロを抱く石川の写真が四段抜きで載っており、さらに取材記者のレポートも付いている。以下、それを引いておこう。

新宿から京王電車で二、三十分、千歳村八幡山の畑中に、明治十五年に建てたと云ふ、恐ろしく古い茅ぶきの家を「すつかり気に入つた」と買ひ入れ、石川三四郎氏は引き移つた。何しろ明治の初めに建てた家だから屋根こそ形をなしてゐるが、壁も柱もやくざになつて手を入れねば住みえない。目下はついその附近に仮寓してゐるが、この家先達迄水車小屋に使はれていたもので、家の真中に溝が出来てる。「これは酒倉にするのです」さう氏は云ふ。家の後方に二反歩程の畑を需めて小作人となつて耕やすさうである。「トルストイアンですね」と記者が云ふと「いや、トルストイは金持だが僕は貧乏だ」「然し精神に於いては……」「それは同じだ」——氏は快活にして親切なる望月百合子さんの手伝け（ママ）を得て「土に帰れ」と自ら云ひ聞かせて、自給自足、地上理想を心ある人と共に開かうとしてゐる。（裏）

この談話からも分るとおり、この時、石川の夢はかぎりなくふくらんでいた。『自叙伝』にも、その夢が回想されている。

……私の希望では、この近所に音楽家も来、画家も来、諸種の語学者も来て、いずれも独立自治して、半農的生活を営み、そして時々一所に会して各自の才能を発揮し、共学、共楽、協力、共進するようにしたかったのだ。それから、こうした生活をする全国の同志が互いに連絡をとることをも予想した。

ところが、五月に改築がめでたく終わり、移転の祝いをかねた集りの会で、思いがけないトラブルが足許から発生した。

このトラブルの火元と目されている望月百合子が、「共学社時代の石川三四郎」(『著作集3』月報6)で述べたところによると、石川はその集りでいま引用したような抱負を語り、「さてこの家だが、私は私有したくない。これをみんなのものにしよう」と、爆弾提案を行った。するとすかさず列席者のひとり(おそらく鑓田研一であろう)が、「それじゃ私にもここに住む権利がある。さっそく夫婦で入居しましょう」と言いだしたので、おどろいた望月が「それはだめ」と叫び、言い争いになった、というのである。

石川が二度めの渡欧の船中で知合い、以来、なにかと縁のふかかった徳川義親の自伝『虎狩りの殿様』に面白い話がでている。

石川は決して家の戸締りをしなかった。貧乏だからこれといったものはないが、それでもコソ泥にやられることもある。ある時、望月のカメラが盗まれ、「だから戸締りしとけばよかったのに」と、望月が文句を言ったら、「そんなものは持っているのが悪い、やっておけよ」という返事で、もちろん警察に届けるようなことは決してしない、というのである。

浮世離れというか、無執着というか、土の子石川の面目躍如たるエピソードだが、一緒に暮らし、家計を預る側からいえば、感心ばかりしていることもできないだろう。

こういう石川の流儀を十分に知っている望月にしてみれば、折角苦労して手に入れた家が、共有の合宿所になってしまっては、この先、仕事もなにも手につかなくなるだろう、と不安に襲われて当然である。これは石川の理想と望月の現実の相克であり、望月はその後、石川を説き伏せて、石川三四郎の名義で家の登記をすませたという。

石川のふくらんだ夢は、この現実をまえにしてあっけなくしぼんでしまう。

そのうえ、張切って耕やした二反の畠の収穫も、みるも無残な成績であった。石川がフランスで覚えてきた農法は、気候風土の違う日本ではほとんど通用しなかったのである。

「こうして私の夢は殆んどすべての方面で失敗に終った」と、『自叙伝』で、石川は述べている。

ここで脇道にそれるが、望月百合子の石川実子説が、最近、一部で流布されているようなので触れておきたい。

その説によると、明治三十三［一九〇〇］年九月五日、望月は石川と「宮中に仕えた人でクリスチャンだった」母親との間に生まれたことになっている。明治三十三［一九〇〇］年といえば、福田の家に世話になっていた娘が石川の子を生んだ年である。五月十日に生まれたその子が石川の兄犬三に引き取られ、幸子と名づけられたことはすでに述べた。その後、石川はなにかと幸子の面倒をみている。

もしこの説が正しいとなると、石川が『自叙伝』でなぜ幸子のことのみ、あれだけ綿々と告白しながら、百合子の出生については一言半句も触れなかったのか、おかしいことになる。それどころか石川は、婚約者のほかに、ほぼ同時にふたりの女性と関係を結び、子どもを生ませたことになり、石川自身の人格が疑われよう。

大正十四［一九二五］年一月十二日付の、石川の望月にあてた手紙の一節に、

パパはゆり坊をどんなに愛して居るか知れない。けれどもそれだからと言ふて見にくいことをしてまで同棲したくは無い。パパは寧ろゆり坊の才能を立派に発揮することに努力してそして自分の愛を満足したいのです。私はゆり坊との間をほんとに詩的に清らかに保ちたい。一点の暗い処も汚点も無い様にして行きたい。

とあり、また、昭和十九［一九四四］年八月十五日付、住谷あての手紙では、

小生家内とともに御伺ひ申上げたやうに御手紙にありましたが、何かの間違ひではないでせうか。御伺ひした時同伴したのは望月百合子であつたかと思ひますが、それならば妻ではありません。小生の養女に貰ひ受ける心算でありましたが、それも不調に

終りましたのです。

と、石川は書いている。真実はこのあたりにあるとみてよいだろう。死人に口がないからといって、生者の特権を用いて、死者の名を傷つけるのはいかがなものであろうか。

美の革命へ

当初の目論見はつぎつぎに破れていったが、それくらいのことでへこたれる石川ではない。同憂の士が集う半農生活の共学村は絶望になったが、それならばせめて「学問だけでも同志相集まって進めて行こう」と考えた石川は、その家に共学社の看板を掲げた。共学社は、まず手始めにパンフレットの出版を行うが、昭和四［一九二九］年に入ってもうひとつ事業を拡張する。月刊誌『ディナミック』の発行である。

当時、石川の家、つまり共学社に同居していた奥谷松治は、創刊当時を振り返って、次のように書いている。

……あの頃石川さんはコントの『実証哲学』の翻訳に日夜精励してゐられた。朝は早くより夜はおそくまでと云ふより、全精力を傾注して、時々裏の果樹園に鋏を持つて見廻るか、来客に応接される外はすべて翻訳のペンを取つてゐられた。そして翻訳される中で特に面白いと思はれた処を、食事の時など皆によく話された。興が乗ればコントの『実証哲学』の科学的方法論とマルクスの弁証法的史観とを比較対照して論じられることなどもあつた。そんな時などは石川さんは自身の思索の結果をまとめたい欲望に燃へて、翻訳の仕事をされることがもどかしく感じてゐられる様に見えた。

「自身の考へをまとめるためにノート代りにリーフレットを発行しよう。そして、毎月義務的に書かなければならない様にしよう」

と云ふ様なお話で、リーフレットの創刊を計画された。

（「創刊前後の追想」『ディナミック』第四十九号　昭和八［一九三三］年十一月）

奥谷の追想どおり、千歳村に移る前後から、石川は「自身の思索の結果をまとめたい欲望に燃」えていたようだ。

まえに書いたように、石川の魂は「土民生活」で最高の表現に達したのだが、石川はこの最高の表現をさらに充実させ、画龍に点睛を打つ衝動に駆られていたのであろう。

石川は、「土民生活」の末尾を、

地の子、土民は、地の芸術に共鳴し共働して穢れざる美的生活を享楽せんことを希ふ。
土民生活は真である、善である、美である。

と結んでいるが、その後の石川の思索は、真や善ではなく、美としての土民生活の追求、「美的生活」の享受、へと進んでいく。

共学パンフレットの第二冊目にもなった「土民芸術論」(『著作集3』)は、この方向への第一歩であり、その後の展開の原点とみられる。

石川はまず「生命の原則」はなにか、と問い、生命が地球上に発生した瞬間に定められた条件を保持し、それを表現していくことだ、と答えている。進化もまた、それぞれの条件、すなわち原形を保持するために行われる。この原形を形づくる、原始の精神を保持し、「文明の垢に汚れない人間」が土民である。

さて、それでは次に芸術とはなにか。石川は、カーペンターやJ・M・ギュイヨーを援用しつつ、「一語にして言へば、感激の表現である」と定義する。

そして感激は、以下のようにして生まれるのである。

意識は諸感情の綜合である。個人の意識も社会的であり、宇宙的である。「我」と称

> する感情も決して社会から隔離せる孤我ではない。吾々の「我」と称する思想には常に「我等」が含まれてゐる。単に「我等」人間ばかりで無く、「我等」を繞る山川草木、森羅万象が含まれてゐる。更に適切に言へば、最小の意識も絶大の無限と連なるものである。此意識が無限と連なることを自覚する時、其意識は宇宙的となり、自ら無限の感激を生ずる。一種の美的感激である。

ここにみられる「我」と「我等」、さらには「我等」を取り巻く森羅万象、あるいは「最小の意識」と「絶大の無限」との連なりは、すでにみて来たように、石川の哲学の基本的な骨組みである。それはアートマンとブラフマンとの連なりを説く古代ウパニシャットの哲学にまでさかのぼることができる。おそらく石川は、カーペンターを通じてこの骨組みをわがものとしたのだろう。

まえにあげた論文「文明進歩とは何ぞ」では、この有限が無限と抱き合う時に、「理想」が誕生すると説かれたが、ここでは有限の「最小の意識」が「絶大の無限に連なる」時、「美的感激」が生じるとされる。

一般的な「理想」よりも、「美的感激」の方がずっと主体的であり、アクティブである。そして、この「美的感激」を本当に具現できるのは土民をおいてほかにはない。なぜなら土民は原始精神の保持者であり、この原始精神、生命が誕生した際の「条件」、つまり原形のみが、無限の自然、無限の宇宙に連なっているからだ、と石川は説く。

それゆえ、土民の芸術はいわゆる芸術家の技巧化された、人為的な芸術とは全く異なる。「土民の美的感激は原始的である。霊魂其もの丶ビブラションである」。それは土民の生活のうちにその最高の姿を示すのである。

石川はまた、「土民の芸術は戦である」ともいう。なぜなら「人為の階級或は幻影に妄執する社会」では、真の「美的感激」は戦いなくしては確保されないからである。その意味で「戦は美である」。「土民の美的感激は此戦に起り、此戦を起し、此戦を崇高にし、此戦を成就せしめる」と、この論文は結ばれる。

ここにはふたつの大きな問題が提起されている。

ひとつは、原始精神へ帰れという、近代西欧の思潮とは全くベクトルを異にした一種の復古主義、保守主義である。

石川はのちに「保守」(『著作集3』)という『ディナミック』第六号(昭和五[一九三〇]年四月)の巻頭論文で、

私は保守主義者である。私は私の善いと思ふことを固守するが故に保守主義者である。私が若し人生又は社会の革新を希望するとすれば、それは、或る迷ひ、或る我慾に蔽はれて、歪められた真理と人情とを回復したいためである。言葉をかへて言へば、吾々本来の真理と人情とを保守するためである。

と、明言している。

いまひとつは、真や善という知の回路ではなく、美という感性の回路を設定したことだ。これも西欧近代の思潮の主流とはベクトルを異にしている。現代にいたるまで、知はすべての人間の営みの王であり、感性は知のしもべであった。この関係があやしくなったのは、つい最近のことである。

石川が真や善をさしおいて美に着目したのも、エリゼ・ルクリュやカーペンターに導かれてのことといえよう。

たとえば石川の美的革命論を最も端的に語っている「裸体美論」(『著作集3』)は、昭和六［一九三一］年九月、ルクリュ研究会での石川の談話が基礎になっている。

ルクリュが裸体美論を強調したのは、それが社会革命として、今日流行してゐる経済革命よりも極めてデリケートな困難な事業であり、而も裸体美の承認が吾々の自由社会の道徳的健康を回復するために欠くことの出来ない重要素だと考へたからである。

と説き始める石川は、『地人論』から次のようなルクリュの所論を紹介する。

> 流行（モード）は服装に、特に羨望を挑発すべき泉を与へた。裸体は崇高にし、純潔にする。陥穽的な欺瞞的な衣服は堕落させ、腐敗させる。
>
> 被服上の自由は既に或る点まで得られた。けれども、昔のギリシャ人が持つてゐたところの、太陽の下に肌衣を脱いで散歩する権利を近代文明人に与へるであらう美的道徳的大革命は、近代人の総（あら）ゆる野心中で、その実現の最も困難に見ゆるものである。

もうひとりの師カーペンターも裸体美の賛美者であり、実行者であった。

石川がミルソープのカーペンターの家で、真裸で冷水浴をしていると、カーペンターがやはり裸のまま入って来て、「何といふ引きしまつた肉付きだ！」とお世辞を言いながら、石川の肩を叩く。そして三十分あまり、ふたりとも素裸のままで話し合ったのである。

「カ翁は同性愛の讃美者であるから最初は少し変な気持であつたが、極めて真面目な静かな学問的談話で終始した」と、石川は書いている。

「人間は下落すべく自分に着衣し、上昇すべく自分を脱衣」する、という「古の魔術的定則」が、カーペンターの確信するところであった。

このように、ルクリュやカーペンターの裸体美論を紹介した石川は、当時の「所謂モダン生活」や「悪趣味な裸体美」を批評し、それらはただ衣服を脱いだだけで、「その裸体は尚ほコンベンショナルな衣を着けた心の表現」でしかない、とする。しかし、それでもそれは「美的社会革命」への「一小過程」と見ることもできる、と大局的にとらえることを忘れない。いずれにしても、「美的革命」こそ、「政治革命」や「経済革命」以上に自由社会の大黒柱であり、それは「裸体美の確認と完成とによつて初めて成就される」、と石川は述べる。

さらに石川は、神代史の天の岩屋戸事件に言及し、この事件が「天のウズメノ命の裸体舞踊」によって解決をみたという、日本神話のすばらしさを讃え、それは「世界の何れの国にも存在しない無比の美談であり、これこそ吾々が大声をあげて世界に誇り得る事実」だといっている。

昭和六［一九三一］年といえば満州事変の勃発した年であり、いわゆる日本主義が台頭し始めた時期にあたる。そのことを念頭におくと、この石川の発言の意味のふかさが分ってくるだろう。

このようにして、共学社時代の石川は、『ディナミック』をおもな舞台として、美の探求者となり、美の歴史家となり、また美の哲人となっていく。

そしてこの姿勢は、戦争とそれに続く敗戦という大変動のなかでも、全く変わらない。昭和二十七［一九五二］年に刊行された石川の最後の哲学的な著述が『行動美論』であり、また最晩年に石川がまとめた論文集が『幻影の美学』と名づけられた（この書物は刊行されなかった）ことからも、それは明らかであろう。

「法の如く修行する」

石川が共学社をとりでとして、美的生活の享受に専念している間に、共学社を取り巻く外の世界は、ウルトラ・ナショナリズムと戦争へ向かって疾走していた。『ディナミック』のような学術的なリーフレットでさえ、何度か発売禁止になり、右翼学生が共学社を脅やかすような不穏な情勢であった。

北沢文武流にいえば、これまで綺羅星のごとくちゃらちゃらと輝いていた群星がひとつ、またひとつと光を消していく時代に入ったのである。その時、石川星は、周囲の闇が暗くなるだけ、その輝きを増していく。

その例をふたつほどあげて、この章を終ることにしよう。

そのひとつは「魂の転向」(『著作集3』)と題する転向論で、『ディナミック』第四十八号(昭和八[一九三三]年十月)に発表されている。その年の六月、佐野、鍋山の転向を皮切りに、転向が流行のようになった状況が背景にあることはいうまでもない。

主義は魂の表現でなくてはならない。お天気次第で随時に取捨される傘や外套とはちがふ筈だ。雨天には傘をさす。寒夜には外套を着る。日よりを見るのは差支ないとして、外套や傘のやうに魂までを売ったり取り替へたりされるものか。主義は単なる天下国家の問題ではなくて、各個人の魂から出た生活原則であり、行動基準であるべきだ。

このように書きだす石川は、この「各個人の魂から出た生活原則」を見失わぬために、ひとはたえず「法の如く修行」しなくてはならない、と説く。なぜなら幻影や迷妄の誘惑に、ひとはたえずさらされているからである。

「涅槃経」が説くこの「法の如く修行する」とは、それではどういうことか。医者から病気の診断を聞いたり、薬の名前を教えてもらっただけでは、病気はなおらない。自分で薬をのみ、治療を実行しなくてはだめなのだ。「悉く病人である吾々文明人は悉く服薬修行をする必要がある」という石川は、自らの修行について、次のように述べている。

私自身のことを言へば、私の一切の生活、一切の運動は、「法の如く修行する」の努力に他ならない。私はその修行を享楽する。時に苦闘あり、時に難業もあるが、その中にありて決して光明を見失はない。それは修行だからである。自然を見、人生を考へて、深い寂しさを味得する時、そこに余りに非世間的な自分を見出すこともあるが、それも私の法悦の一部面である。そこに、世間の風潮を超越した広い世界がある。それは私の魂の安住する世界である。

たしかに「世間は動揺」し、「様々な波瀾がさか巻」く。それを傍観するわけにはいかず、右往左往の苦闘をすることもあるだろう。だがそれは「海面に露出した甲板上の問題であ」り、わが魂が安住する無限の宇宙は、「海よりも深い」。波風にはばまれて、速度の鈍ることはあるだろうが、「転向」というような「時間の不経済」はしない。「無限の海を行く魂の前進にはたゞ成功のみあつて、失敗はない」と、述べている。

以下の小節は、魂の導師の福音として読まれよう。

一哩（マイル）行けば一哩の成功である。一日の生活は一日の生命をこの世に捧げたのである。如何に悪戦苦闘して利慾のために生涯を費しても、遂にその成果をこの世から持ち去ることはできない。一切衆生もその生活の結果から言へば皆一種の無我の愛を実行してゐる。況んや法の如く修行するものに於てをや。捨身流離の私の衷には精進修行の魂が絶えず前進を続けてゐる。それは私自身の成功であり、宇宙自身の成功である。

とはいうものの、ひとたび世間に目を転ずれば、「人間の罪業は果しなく増長」するようにみえる。それらはみな、有限の、「甲板上の苦悩」であるにせよ、この事実がある以上、私の成功も、宇宙の成功も完全とはいいがたい。「それが完成されるまでは私の魂に『転向』などはあり得ない」、と石川は結んでいる。

もうひとつはそれより一年前、昭和七〔一九三二〕年十月の『政界往来』に発表された「田中正造翁の予言」（『著作集3』）である。

石川は、時代の危機を強く感じる時に、必ず田中のことを思い出すらしい。関東大震災の翌年、大正十三〔一九二四〕年三月に『萬朝報』に連載した「養芽論」（『著作集2』）という評論でも、「人民亡ぶ」「日本国亡ぶ」と絶叫した田中正造の予言を取り上げ、

……田中翁は又叫んだ。

「亡びの日本から聖なる予言者が現はれる」

何ぞ計らんかう叫んだ翁自身が、実にその聖なる予言者であつた。田中正造翁の如きは、実に近代の世界が産める稀有の巨人である。単に近代日本が有する唯一の光明であるばかりで無く、実に世界に稀れなる大人物である。

として、田中の精神に学べ、と強く訴えている。

「田中正造翁の予言」もおなじである。

世界的な不況と失業の増大、そして不気味なナチズムの勃興という時代のなかで、「人民」

の社会は消滅してしまった。「人民を奈落の底に陥れておいて、今日は非常時だという。何の故の非常時だ」と石川は詰問する。

石川はそこで、明治三十七〔一九〇四〕年に早くも日本は「亡国の三期なり」と喝破した田中正造の手紙を取り上げる。三月二十八日付、天津にいる甥にあてた手紙である。

そのなかで田中は、「正造ハ別ニ必用あり、公私を併せて此国ニ末後〔期〕の水を呑ますベシ」と書いている。書いているだけではなく、自ら農民となり、谷中村に身を投じたのである。「二十余年、政治運動をして居る間に、肝腎の人民が亡んでしまつた」、この痛烈な懺悔は、「養芽論」でも強調されているところだが、田中の谷中村における闘いの原点であった。石川は、そこをしっかりと押さえ、明治三十九〔一九〇六〕年十一月二十六日に書かれた田中の手紙を抄録する。

……正造ハ谷中村ニ一昨年来投じたるハ七百円を越へたり。正造の小遣ハ一ヶ月二、三円ニ過ぎず。夜るも着たまゝなり。枕あるの夜ハ稀れなり。又二泊せし事ハ少なし。飯ハ麦めしを以最上とす。只湯ハあります。衣類の汚れたるハ却て見よし。此境遇に加へ、巡査の虐待、汚吏の侮辱、殆んど人類を以てせられず。

（『田中正造全集』第十六巻　以下おなじ）

しかし、田中はそのことをすこしも恨まず、ひたすら村民の救済に尽力する。

……此窮民の一人を救へ得バ、正造ハ此処ニ死して少しもうらみなし。誠ニ道ちのためなれバなり。人生苟くも道ニよりて死すハ、死するにあらず生きるなり。
○天ハ屢ゝ正造ニ神の道ちを教へたるハ正造の歴史なり。若きより屢ゝ牢獄ニ入りたるハ、皆之厄を以て悔を改めさせる神の道ちなり。故ニ正造ハ難ニ逢ふ毎ニ精神をばみがけて候。此くして幾回も厄ニ逢ふて幾回も神ニ近くなり、老てます〳〵精神ハ若きニ復し候。肉体ハ年ゝニ劣ると反比例、精神は年ゝに優る。
（石川の論文では木下尚江編『田中正造の生涯』より引用されているが、『田中正造全集』第十六巻によった）

「或る意味に於て、今は世界の終末の日が到来した」とみる石川は、旧世界に末期の水を与え、新生命の甦りを促すことが「今日の先覚者のなさねばならぬ責務」であり、

……それは口先や筆先で末世の福音を説く宗教者のことではない。それは彼の田中正造翁の如き人道の闘いと修道者の敬虔心と民衆そのものとなつての忍苦とに全我を捧げたる真実の宗教的献身でなくてはならない。

と、主張している。

石川は、師田中の闘いを想い起こすことによって、来るべき難局への覚悟を自ら固めていったのであろう。

VI　天皇と無政府主義者

昭和二十年八月十五日へ

戦局は日増しに悪化し、国民生活も目に見えて逼迫して来る昭和十九〔一九四四〕年、石川が住谷悦治に送った手紙が数通残っている。住谷はそのころ、同志社大学教授であった。『ディナミック』を廃刊（昭和九〔一九三四〕年十月）してから、石川は東洋文化史の研究に没頭し、その成果は『東洋文化史百講』としてつぎつぎに刊行されていた。第一巻の刊行が昭和十四〔一九三九〕年、第二巻が昭和十七〔一九四二〕年、第三巻が昭和十九〔一九四四〕年で、この第三巻を住谷に贈呈したのがきっかけで、久しぶりに文通が復活したのであろう。

八月十五日付の手紙では、

……この時局に際して野菜類の配給を一切辞退して自給自足の生活を営み、時々は諸友人に自作の青物を供給してゐますので、今ではその方に多くの時間を取られ、著述は殆ど放棄の状態です。

と、近況を報じている。ちょうど夏場で、畑仕事の一番忙しい時だったのだろう。
だが、もちろん著述をやめたわけではない。東洋文化史の研究は、「もともと歴史家たらんとて研究を始めたものでなく、自分の人生観確立のために著手したものが著作にまで進展した」のだが、

……併し私も来年は七十歳になり、まだ書きたきもの他にもあり、第四巻は一日も早く完了して、一旦筆硯を洗ひたしと考へてゐます。そして生きてゐる内に人生、社会、宗教に関する所見を纏めたいと念願してゐます。

と、したたかに抱負を語るのである。
また、九月二十一日付の手紙では、すでに十年に近い研究生活を振り返って、次のように記している。

私は満洲事変直後、三たび渡欧すべく旅行券下附を政府に願つたが許してくれず、依つて北京に行つて無旅券のまゝ出発すべきかと思ひましたが、北京にて古代文化の多数の記念物に接して、東洋文化史研究の発心を懐くに至りました。それは自分が東洋のことに如何にも無知であつたことに驚き且つ恥ぢた為であります。私は既に老年に達し記憶力がありませんので、気付いたこと読んだことをノートして置かうと考えたのが抑も著作の端緒になつたのです。研究を始めて十年になります。年齢は争はれず、仕事は遅々として進みません。時には自分ながらハガユクなることもあります。併しまた年の功で急がずに牛の歩を楽しめるやうにもなりました。これから燈火に親まれる時節、また徐々に書斎の仕事に取りかゝりたいと思ひます。

つづいて、あのきびしい時局下での心境を洩らしている。

……今日の如き時勢では知己を百年の後に待つより外に希望は持てないでありませう。河上肇君などは如何して居られますか。此頃は私の友人達も大々(ママ)に死別して真に孤独の生活を致して居ります。たゞ古書により古人の遺蹟により、今の世の遷り行く様を鑑査吟味して居ります。

しかし、昭和二十〔一九四五〕年に入り、空襲は激しさを増していった。毎日のような空襲警報、そのたびの防空壕への退避は、七十歳の身にはひどくこたえ、神経痛に悩まされるようになる。

父の身を案じた養女の永子は、東京を離れまいとする石川を説き伏せて、彼女の実家へ疎開することになった。

昭和二十〔一九四五〕年三月二十五日のことで、疎開先は山梨県西八代郡上野村である。甲府の南、四里ほどの山村だが、それでも疎開の影響を受け、「家賃などは従来の二十倍に暴騰し」（三月二十六日付奥谷松治あての手紙）ていた、という。

上野村に移ってからも、午前中は勉強、午後のひとときは畑仕事、という石川の日課は変わらなかった。ただ手許の書物はかぎられていたので、それが不自由だったらしい。

田中の手足となって谷中村の闘いに奔走し、自ら「谷中村遺民」を名乗っていた島田宗三にあてた六月十一日付の手紙で、石川は敗戦の間近いことを予想している。

小生も本年は七十歳になり所謂古稀の齢に達しましました（ママ）。何のなすところもなく徒らに馬齢を重ねたのみですが、併し何時までも生き延びたいです。毎日農事を手伝ひながら、自分の勉強に精励してゐます。唯だ参考書殆ど全部東京の家に置いてあるので、思ふやうに進捗しないのが残念です。この戦争も今後幾年続くか分りませんが、併し素人考えでは余り長くはないでせう。メリケンさんが本土上陸でも試みれば、恐らく致命的打撃を蒙つて、戦争そのものが終幕となりはせぬか、私はこんな風に考えてゐます。兎に角、これを機会に日本人は深く反省し悔改すべきであると思ひます。その意味に於てこれは日本の為に好き戦争であり、メリケンさんに感謝すべきでありませう。

六月中旬といえば、アメリカ軍の沖縄制圧はほぼ終わり、もっぱら本土決戦が叫ばれていたころである。

石川永子は、「うえのむら」(『著作集4』月報5)で、疎開中の石川の動静を伝えているが、広島に原子爆弾が投じられた日のことを、次のように書いている。

八月六日、アメリカの新爆弾が広島に投下された。新聞、ラジオは恐怖と興奮を以てこれを報じた。「チクショウ、ヒドイ事をやりやあがった」と怒気をもらしていた父は、「こんなにされにゃあわからんのだ」と、無念がっていた。フィリッピン占領当初「講和は今だ」と言っていた。敗戦を恐れる百姓達は、「先生、負けたらここらは、どうなるでえすらー」と、父にたずねるのであった。「負けても勝っても貴方達、地と共に生きている、地の子の生活は変りませんよ。困るのは金持だけです」、父の言葉に百姓達は一応「なるほど」と納得をした。しかし、敗戦という恐怖からは逃れ難いものとなっていたようだ。

そして、八月十五日が訪れる。

八月一五日、終戦の詔勅を聞いた。翌朝父の帰京を知った母は、「せめて是非もう一夜」と別れを惜しんだが、父の耳には入らなかった。予定の行動である如く、五ヵ月馴染んだ疎開地を、冷淡とさえ思われる程、淡々と去って行った。

今上天皇を擁護する

昭和二十〔一九四五〕年八月十五日が日本人にとって忘れがたい一日であることは、いうまでもないだろう。自決を決意した者もあれば、万歳を叫んだ者もある。わたしはその夜、明るい電灯の下で風呂にはいり、敗戦の二字を見詰めていた。空襲がなくなったので、燈火管制は自動的に解除になったのである。

おなじころ、石川は深い感動とこみあげる喜びを嚙みしめながら、憑かれたように東京に帰る用意をしていたはずである。

石川を深く感動させ、行動へと駆り立てさせたのは、その日の正午、ラジオで放送された今上天皇の「終戦の詔書」であった。

島田あての手紙にもみられるように、石川はアメリカ軍の本土上陸という最悪の事態に至らなければ、この戦争は終結しないと予測し、覚悟を決めていたものとおもわれる。広島、長崎への「新型爆弾」の投下は、事態をさらに悲劇的にしていった。山梨の山中にいて、中央の情報などほとんど入らなかっただろうから、ポツダム宣言以後の平和工作なども、もちろん耳には入らなかったろう。

それゆえ、「終戦の詔書」は他の大半の日本国民とおなじように、石川にとっては青天の霹靂であったろう。日本の前途を心底憂える愛国者であるゆえに、この思いがけないどんでん返しに欣喜雀躍したのである。

ただ欣喜雀躍しただけではなく、この「偉大な天皇」を擁して、一気に「無政府社会」を実現するという一種の錦旗革命を起こすべく、ひとりで起ちあがったのである。

天皇擁立と石川三四郎という組合わせは、石川がヨーロッパへ到着してまもなく熱中した、袁世凱暗殺と石川三四郎の組合わせを思い出させる。

石川というひとは、いつでも惚れた人間には生命を投げ出せるひとである。といって、もとより石川が裕仁天皇と親しかったわけではないし、鄭女史の場合のように、天皇が生命の恩人だったわけでもない。

石川と縁のあった皇族といえば、二度目の渡欧の時、たまたまおなじ箱根丸に同船して知合った北白川宮成久王だけである。北白川宮を石川に引き合わせたのは、一行に加わっていた徳川義親侯で、この華族界の異端児は石川とうまが合い、その後も親しく交際している。石川は徳川の娘にフランス語を教えたり、徳川の貴族院改革案の相談に乗っており、徳川の方も、大震災で保護検束された石川の釈放に尽力している。

石川が天皇に惚れたのは、「『我が身は如何に成り行くとも、此の上多くの人民を犠牲にするに忍びず』とて、自ら屈辱を忍んで無条件降伏を断行」（「無政府主義宣言」）した、その決断であった。

こういう決断を下した天皇は歴史上全く例がないし、こういう天皇を擁すれば、さらに一歩を進めて、積年の「悪弊凶禍」を一挙にくつがえし、「無政府社会」を実現することもできよう、と信じたのである。

あばたもえくぼ、といってしまえばそれまでだが、石川は真剣だったし、また必死だった。島田宗三は、「石川先生の手紙」（唐沢柳三編『石川三四郎書簡集』）のなかで、石川が語った敗戦直後の回想を、次のように記している。

また其席上、壮重な口調で、「あの懺悔して云々という終戦の詔勅を甲州の山の中で聞いた時、これは千載一遇だ、此天皇をかついで一仕事しようと思い、家人の引留めるのを振りすてゝ着のみ着のまゝで東京行の汽車に乗込んだ、ところが家人の手がまわり、途中某駅（筆者駅名を忘る）で駅員に呼出され、汽車からおろされて空しく引返してしまった。実に残念なことをした云々」と、其態度は確固不動というか秋霜烈日というか、実に荘厳であった。これが私の接した先生の姿の最高峰であった。

「其席上」とは、昭和二十五〔一九五〇〕年一月、群馬県藤岡町（現藤岡市）の渡良瀬川畔にある、田中霊祠前で行われた座談会に出席した石川と島田が、旅館に引きあげた折のことである。

ところで、この島田が伝える石川の回想は、その二年前の昭和二十三〔一九四八〕年三月に行われた座談会「平和はどうして出来るか」（『著作集４』に抜萃所収）で、石川が語ったところとおおむね一致している。

この座談会は『ＰＡＸ』という雑誌に載っている。『ＰＡＸ』は昭和二十二〔一九四七〕年秋以降、活発になった民間でのユネスコ運動の準機関誌的な性格の雑誌で、座談会の出席者は石川のほか、馬場恒吾、安倍能成、松岡駒吉、東久邇稔彦という顔触れである。

座談会といっても各人各説を述べる、という形なので、石川の発言もかなり長い。

石川　私は今度の戦争は敗けるだろうと思っておりましたけれども、実際では勝つ々々と言うておりました。戦争末期は山梨県に疎開しておりまして、八月十五日に陛下の放送を聞いたその晩は実に嬉しくて睡れなかった。これで日本は救はれたのだという嬉しさです。非常な惨劇の中で敗戦の苦杯をなめなければならぬと思っていた時に、あの放送を伺いまして本当に心から喜びました。翌朝大家の主人にその話をしたら、最初は何んのことか判らないという面持でぼんやりしていました。実際、私はあれ程嬉しく感じたことはありません。特に原子爆弾を敵が投げたその機会をつかまえて、且つ他方には、どうにも仕方のない日本の内情、日本の危機を捕えて、平和を宣して無条件降伏をされた。私は今の天皇陛下の世界史上に於ける地位を思いめぐらして、まことに日本の歴史あって以来、これ程偉大な天皇はないとかう感じたのです。

そこで私はそれを直ぐ東京の友達に手紙を出しました。この機会にこの陛下を擁護しなければならん。私のやうな無政府主義者が天皇を擁護するということは随分おかしいことに聞えるかも知れないけれども、これは天皇制とか憲法とかいうものとは別の問題であります。天皇制や憲法などは私の方からいえば価値のないものですけれども、天皇の人格、自然の人格、その人格を擁護することはアナキストとして当然しなければならぬことだと思いました。そこで私は直ぐ翌日東京に参りました。いろいろの蜚語風説が飛んでおりまして、親戚のものも危険だから行ってはいかんというのを、押して東京へ飛んで来ました。そして「無政府主義宣言」というものを書いて、天皇擁護論を主張したのですが、不幸にして私は病に倒れ、旧い同志は四散して住所がわからず、空しく二ヶ月も経過して了ひました。かくて時機を逸した後、数十名の同志が相会したが、私の意見はついに同志達の反対に遭ひました。殊に若い人達の非常な反対に遭って葬られてしまった。

実をいえば若し私に力があれば、天皇陛下を擁し、東久邇さんが内閣総理大臣になられた前にですねェ、何んとかして本当の無政府社会を日本につくる、この陛下を中心としてならばそれが出来ると、かういう考えで方々檄を飛ばしたが、不幸にしてそれは実現せず、また私の書いた「宣言」も暗に葬られてしまいました。可なり具体的に諸方に手をまわして画策したのでありますが、結局これは実現されずに終ったのです。

このあと、無政府社会の実現こそ平和の実現であり、「私のいうことは非常に空想のように考えられるかも知れませんが、私は空想ではないと思います。本当にやろうと思えば無政府社会は出来ると思います」と、長広舌をふるっている。

のちに述べるように、この問題は日本アナキスト連盟の発足当時、激論になり、連盟員(石川は顧問であった)としての公的な発言の場合には、天皇擁護説は差し控える、という諒解で落着したという経緯がある。

石川はこの諒解をきちんと守ったけれども、それだけに私人でしゃべれる時は、能弁になった。蓋をされた思いのたけが、翼を得て飛んで行ったのだろう。

この回想を語った時の石川の姿は「最高峰」であった、と島田は述べているし、また、安倍能成も石川の弁舌を聞いて、「石川さんは自分よりはお年上だと思いますが、非常に愛国の情熱を持っておられるので実は感激した」と語っている。

もちろん、安倍は石川とは初対面だが、石川の愛国の魂に触れて、感激したのであろう。敗戦から三年経ったのちでも、石川の魂は「終戦の詔書」を発した天皇への共感で満たされており、機を逸した口惜しさを忘れることができなかったのである。

『自叙伝』には、

昭和二十年八月十五日、終戦の詔勅を山梨県の山村で聞いた私は、非常な感動に襲われた。この瞬間に一閃、長い民族的悪夢のうちに眠っていた真の日本精神が輝いたように感じた。私は取るものも取りあえずその翌十六日東京へ戻ってきた。今こそ無政府主義実現の秋が来たと直観したからである。

と、きわめて簡潔に述べられている。

東京に戻って、石川はどのような活動をしたのか、『PAX』の座談会では、「東京の友達に手紙を出し」、「無政府主義宣言」を書いて、「天皇擁護論を主張し」、「可なり具体的に諸方に手をまわして画策した」と述べられているが、これを裏づける史料は今までのところ見つからない。

あるいは「東京の友達」とは徳川義親であるようにもおもわれるが、徳川の自伝にはなにも語られていない。自伝が語るところでは、徳川はそのころ、鈴木茂三郎、吉田一、藤田勇らと語らって社会党結成の相談に参画したことになっている。

ただ、その年の十一月に、徳川が主宰する恒久平和研究所から、ルクリュの『地人論』出版の申し出がある。憶測を逞しくすれば、政治活動を控え、学問に打ち込んだらいかがですか、という徳川の配慮とみることもできよう。

事実、石川は永子にあてた十一月五日付の手紙で、「これから忙しくなります」と、大いに張切っている（この出版はその後沙汰止みになった）。

しかし、これ以上、推理小説まがいの追跡をするのは止めよう。

八月十五日以降、石川がどのようにして「無政府錦旗革命」を起こすべく画策したか、あるいはそれはほとんど石川のひとり相撲であったのか、その詮索は実証史家に委ねておきたい。

ただ、どのような経緯があったにせよ、石川の魂が「終戦の詔書」に触れて激しく燃えさかり、天皇と相抱いて「無政府社会」を実現しようとひらめいた事実は、少しも動かないのである。

わたしはそのことをここに記しておけばそれでよい、とおもう。

「心底を永遠に据える」

『自叙伝』はさきほどの記述につづけて、次のように語っている。

この信念は終戦後半歳の間、指導階級と称する徒輩の言動を観察すると共に強くなった。彼等はこの未曽有の国難に際して、ただ自分達の利福、党派欲、閥欲を満足せしめんがために、喧号叫喚して国民をますます混乱の深淵に追い込もうとしているに過ぎなかった。

「この有様を見過し得なくなった」石川は、昭和二十一［一九四六］年二月ごろ、「無政府主義宣言」(『著作集4』)を執筆する。これはおそらく敗戦直後に起草したと、石川が『ＰＡＸ』の座談会で語っている「無政府主義宣言」を加筆、修正したものであろう。

我等無政府主義者は今日の日本と日本民族とを救ふべき道は唯だ無政府主義の原理を実行するにあることを宣言する。

という堂々たる書き出しに始まるこの宣言は、「終戦以来半歳」の指導階級の言動をみて（このあたりの文章は『自叙伝』に転用されている）、

……今日まで忍びに忍んで沈黙の苦悩を守つて来た我等無政府主義者も、こゝに於てか胴ぶるひして起たざるを得なくなつたのである。

と、断ずる。このように過激な語調は、石川の文章にほとんどみられないところで、石川の魂がどれほど高揚していたかが察せられよう。

石川がまず求めるのは「日本全民衆の和合」である。「戦争犯罪者の糾弾」は「マッカーサー司令部」に任せておけばよい。日本民族は冷静に自らを反省し、「心からの和合」を求めなくてはならない。

幸いにして、われらには「深く平和を祈念して、かの終戦の大詔を渙発せられたる今上天皇」がいます。そして、大詔の渙発とともに、「一千余万の外征兵士は流石に一糸乱れず武

器を擱いて之に従ふた」。

こういうことは世界史上、前代未聞の出来事であって、この「平和主義の天皇」にして初めて実現されたのである、と論ずる石川の筆はさらに調子をたかめていく。

> 我等無政府主義者の眼中には憲法もなく、天皇制もない。人間の作製した是等の技巧は素より脆弱にして、明日をも期し難きものである。併しながら我等に宇宙の憲法があり、自然の天則がある。これは世界古今に通じて悖らず、狂瀾怒濤に施して壊れず、万民悉く須臾も離脱し得ないものである。我等の憲法は自然の人情美を発揚し拡充するを以て最高の原則とする。我等の天則は人心の奥秘より自ら湧出する人道の大義を実践躬行するを以て第一義とする。我が清純高雅なる今上天皇を我等無政府主義者が敢て擁護せんとするは、実にこの天則、自然の憲法に基くものである。「我が身は如何に成り行くとも、此の上多くの人民を犠牲にするに忍びず」とて、自ら屈辱を忍んで無条件降伏を断行せられたる、愛と和とに勇敢なりし天皇を擁護するは、是れ日本民族の責務にして又名誉ではないか。満洲事変以来、軍閥の跋扈は実に横暴を極むるに至つた。併し乍らその禍害の根ざすところは遠く明治時代にあり、今上天皇は実に四十年来わが日本の政治機構中に培養せられ累積せられし悪弊凶禍を一身に負担せられたのである。我等この天皇を擁護するは人道の大義に基く当然の責務である。

つづいて、石川は真の日本精神とは何かを問う。日露戦争以来、「日本人は遂に自ら日本そのものを忘却」した。民族主義、国粋主義といわれるものも、じつは「その精神に於て西欧の借用物に過ぎなかつた」。満州事変以来の日本軍閥の行動は、「本来の日本精神に基くものでも、「真の西洋精神に則るもの」でもない。「実に西洋かぶれの帝国主義」にほかならない。

……唯だこの長き民族的悪夢の中に於て、僅かに一閃、真の日本精神が輝やいたのは、彼の大詔渙発を中心とする終戦の一齣に於ける日本そのものの姿に於てであつた。我等日本民族は今一度あの一瞬を想ひ起して、緊褌一番、互に腕を組み、心を揃へて、故国の大義に前進すべきではないか。

官僚、軍閥、財閥が「悉く失脚せる今日」、国民はどのようにしてこの国難を突破するのか、社会党、共産党は「第二の官僚主義」であって、論外である。

「我等全部が天皇を中心に和合して自治する時、何の政権ぞや。何の政府ぞや」と呼号する石川は、以下に、自治協同を基礎とする「自然発生的な網状組織」の「無政府社会」の原理原則を、手短かに説き明かしていく。

さらに、「日本国民中、殊に日本青年中」、意識はしていなくとも、その「本心に於て無政府主義者とならないものは殆ど一人も無いであらう」、と石川は主張する。なぜなら「無政府主義は特殊なドグマ（教義）ではな」いのだから、「旧い社会の塵埃を洗ひ落して赤裸に帰つた無垢な人々が」無政府主義者となるのは「まことに当然のこと」である、と超楽観的である。石川の哲学の基本であった、あの「無明の蔭」はどこへいったのだろうか。

「無政府主義宣言」は、石川が大正十〔一九二一〕年に執筆した「土民生活」（「土民宣言」とむしろいいたい、とはV章で述べておいた）に比べて、格調はややおちるが、熱っぽさではずっとまさっている。

「日本危やうし」の愛国のほとばしりが、宣言全体に漲っており、それが冷静な心眼をくもらせたきらいがないではない。

しかし、ここで注目しておきたいのは、石川の発想の根っこである。石川は、文字通り「未曾有の国難」を克服する策として、「無政府社会」の実現を熱烈に提唱したのであって、この「未曽有の国難」を機として、「無政府社会」の実現を企てたのではない。

この違いは微妙だが、しかし本質的である。前者は愛国者石川の発想であり、後者は無政府主義者石川の発想である。この微妙な違いの分るひとであれば、石川が無政府主義の原理原則を棚上げして、「今上天皇擁護」を高く掲げた心事を理解することができよう。

しかし、「主義」の「熱病につかれたやうな人々に冷水をぶちまけるやうなものであつた」

「土民生活」が、ひとにぎりの人びとの共感しか得られなかったように、「解放」の熱病につかれた人びとにとって、「無政府主義宣言」は、「耄碌爺（もうろくじじい）」の世迷言としか映らなかった。

いや、それでも「土民生活」は社会主義同盟の機関誌『社会主義』に公表されたが、「無政府主義宣言」の方は暗に葬られてしまった。それが日の目を見るのは、石川の死後、二十年あまりたった『石川三四郎著作集』（昭和五十二〔一九七七〕年）刊行の折である。

石川は、『自叙伝』にこの「無政府主義宣言」を、全文掲載しようという意向だったが、周囲の進言で断念した、といういきさつもある。

かくいうわたしも、その進言者のひとりで、わたしは、この宣言を収録するのであれば、当時の状況や心境などを石川が十分説明する必要があり、それなしに裸のまま載せるのは誤解を増幅するだけではないか、と考えたのである。

しかし、今にしておもえば、小人、師の心を知らずで、わたしも「主義」の「熱病」につかれていたにすぎない。慙愧（ざんき）に堪えぬ思いである。

ところで、昭和二十一〔一九四六〕年に入ってアナキストの全国組織づくりの動きは漸く本格化し、東京日本橋茅場町の秋山清の事務所を拠点に、準備会が重ねられていた。

この年の一月、風邪をこじらせて肺炎となり、一カ月ほど寝込んでしまったので、石川が初めて顔を出したのは、四回目の準備会であった。二月十七日である。

そして、三月十日、第五回準備会で、石川の天皇擁護論が問題となる。この時の模様を、秋山は「回想の向うの石川さん」(『著作集4』月報5)で、次のように書いている。
当日の議題は、五月に創立大会を予定していた日本アナキスト連盟の綱領、規約草案の審議だったが、たまたま、何かの新聞のアンケートで、石川が天皇擁護の発言をしているのが話題になり、石川にその真意をただそうということになったのだ、という。

石川さんは至極おだやかに、今次戦争における天皇は軍部等のむしろ犠牲者で、気の毒な立場だ、という主旨をいわれた。石川さんが来る前には、石川さんの天皇擁護的な主旨をつよく批判した人々も、石川さんがそういう意見をはっきりいうと、はたと沈黙した。岩佐老人も特に意見を出さず沈黙したままだった。むしろ雄弁なのは石川さんで、綱領・規約の草案として創立大会の当日論議されねばならぬというものをそこにおいて、日本のアナキストが天皇と天皇制にどう対処するかという、当時常識ではわかり切っている筈の問題が引き出された。

そのうちに石川も「しだいに興奮」し始め、はっきりと天皇擁護を主張しだし、石川の「気勢に押されるように」、反対の発言は減っていった。
この形勢におどろいたのが秋山である。秋山はそこに集ったアナキストたちのなかでは、「もっとも若年グループ」のひとりだったが、「これではアナキスト連盟は、物わらいになるかもしれない」とおもって、ひとり反対に立上った。

……もう覚えていないが、石川さんの天皇擁護論は感情であって、論理的でないなどと生意気ないい方もしたと思う。しまいに石川さんと私とで、大分長い時間に亘って対立したように思う。

と、秋山は述べている。そして、この論争は近藤憲二のまとめで、以下のように決着をみたらしい。

「石川さんが天皇に対してどのような意見を持っていようとそれを論議することはあるまいが、しかし、日本アナキスト連盟の石川として発言するときは、アナキスト連盟の天皇に対する見解と相反しては困るので、それは一切しないこと、石川さんは当然、アナキスト連盟を代表する一人であるから、公的な発言では天皇擁護のごとく聞ける発言には気をつけて貰いたい。」

秋山によれば、石川もこの近藤提案に賛成し、「やっとこのことは終」った、とある。たしかにその後、石川は公的には天皇擁護論を口にしなくなったが、それはべつに天皇擁護論を自ら否定したからではない。そのことは初めに書いておいた島田の回想や、『ＰＡＸ』の座談会をみても明らかであろう。

また、昭和二十一［一九四六］年後半に執筆されたとおもわれる石川のユートピア物語「五十年後の日本」（『著作集４』）の、自筆訂正前の原文をみると、石川がこの時の妥協をどうおもっていたかが推察できる。

念のため、訂正文と原文とを列挙しておこう。

（原文）

老人が、その時分に闘つたことは今も語り伝へられてゐるが、仲々烈しかつたらしいです。アナキストでありながら、昭和天皇擁護論者で、青年同志の多数からは耄碌爺とあざけられながら、今上天皇は日本の歴史上には勿論、世界の歴史上にも比を見ない人類愛に満ちた人物だ、誰が何と言はうが、己は此の天皇を擁護する、これは人道のためであり、また、人道を基調とするアナキズムの為であると言つて動かなかつたのです。

（傍点が訂正箇所）

（訂正文）

老人が、その時分に闘つたことは今も語り伝へられてゐるが、仲々烈しかつたらしいです。アナキストでありながら、暴力によらない革命を主張し、創造的建設のために苦しい闘ひを続けたらしいです。それは、人道を基調とするアナキズムの為であると言つて、猛烈な反対があつても動かなかつたのです。

訂正はもう一個所、今上天皇の功績を讃えた部分が大幅に削られている。この訂正がいつなされたのか分らないが、おそらく発表の話があった折のことではないかとおもわれる。だがこの「五十年後の日本」も、石川の生前にはついに公表されなかった。

「五十年後の日本」はたしかにユートピア物語であり、そこには共学社時代に石川が追求した美的革命の成就された姿が語られている。

しかしそれはただの目ばゆいばかりに「明るい日本の未来図」（臼井吉見『安曇野』）ではない。そうではなくて、「終戦の詔書」が石川に与えた巨大な感激が実を結んだならば、こうなったであろうという苦い夢を語ったものなのである。ひとり相撲であったかもしれないが、石川は八月十五日の感激を抱いて現実に肉薄した、しかし現実はびくともせず、親しい友人や信頼する同志すら、石川に手を差し延べなかった。――この無念の想いが生んだ作品なのである。

昭和二十一〔一九四六〕年五月、日本アナキスト連盟の結成後、石川は最も誠実な連盟員のひとりとして、著述に、講演に、学習に、「全我を傾けてアナキズム思想の宣伝に努めた」

だが、時勢は時とともに石川を置き去りにしていった。『自叙伝』ですら容易に出版の運びとならず、石川の戦後の思索を集大成した『幻影の美学』はついに未刊に終った。それは、鶴見俊輔編『石川三四郎集』(「近代日本思想大系16」昭和五十一〔一九七六〕年)に収められている。最晩年、石川は「ボクは世の中から忘れられちゃった」と、ちょっとさびしそうに言ったことがある。

さびしくはあったろうが、うろたえも、諦めも、石川はしなかった。なぜなら石川は「常に心底を永遠に据えて万事を割出し」、行動して来たひとだからである。この信念は、『ディナミック』最終号に載った『回顧五年』(『著作集6』)に、しっかりと語られている。

本庄市に建つ石川の顕彰碑には、この「回顧五年」の結びの一句が刻まれている。わたしもそれにならって、石川に捧げるこの紙碑の結びを、その一部を引くことで飾らせてもらおう。

『ディナミック』を通じて新らしい多くの友達ができた。たゞ『ディナミック』に現はれる私の文章は極めて稀れにしか私の土民思想を表現してゐなかつたので、読者の多くは必ずしも私の生活に共鳴し又は私の思想を実現しようとする者ではなかつたであらう。私の『ディナミック』紙上に書いたものは多く科学的又は哲学的研究であつた。それは私がペンを以て道徳を説き、正義人道を唱へることを欲しなかつた為である。宗教家のやうに、権威あるものゝ如く道義を説くほど非道義なことはないと考へた結果であつた。

自分の知識、自分の芸術を発表して、世の批評を求め、他の共鳴を誘ふことはよい、併し自分の道義を権威を以て諸人に説くことは、強権主義の第一歩である。かうした精神的強権主義は多数の同志を集めて一時景気のよい運動を誘起すべく極めて有効ではあるが、それは私の慎んで避けなければならぬと考へたことであつた。こゝにアヂテーターとエデュケーターとの相違がある。煽動者たるよりも教育者とならねばならないと信じた私が、かうした態度をとつたことは寧ろ当然であつたと思ふ。

此『ディナミック』を創刊した頃は、余りにアヂばかりで又は浅薄な流行ばかりで、深い思想的耕作が稀であつた。今日の世相では思想もアヂもともに萎微して振はないが、深く根ざされた思想の生命があれば、それは一陽来復の時を得て必ず勃興するであらう。私は常に同志を百年の後に求める心持で、ものを書いて来た。否、常に心底を永遠に据えて万事を割出して来た。永遠は何時でも現実である筈だが、其の現実が或る波動に蔽はれる時は、表面に見へる波動のみが現実である如く思はれる。社会問題が騒がしくなると或る特殊な社会現象のみが人生の現実であるかの如く見へる。そこから多くの過誤が湧いて来るのである。革命が多くの場合に正道から逸脱するのはその為めである。短かい歴史をしか持たない日本の社会運動も、かうした過誤を幾度犯したことか。ロシヤ革命が横道にそれて今日の有様を呈してゐるのも其ためである。

あとがき

昭和五十二年、わたしは青土社社長清水康雄氏に依頼されて、『石川三四郎著作集』全八巻を、同社の藤田一幸氏と一緒に編集した。

清水氏は、昭和二十年代にわたしたちが、松尾邦之助、村松正俊、辻まこと氏らとやっていた自由クラブという小集団のメンバーのひとりで、石川三四郎もクラブの客員格だった。少年詩人として、当時、すでに異彩を放っていた清水氏が、石川と直接交渉されたかどうかは知らない。しかし、石川の「光と薫」は、清水氏の魂の一隅に染み込んでいったのだろう。『石川三四郎著作集』が、「社長の道楽」といささか顰蹙を買ったかもしれないが、漸く完結した際、清水氏は、これで少年の時の縁を果たした思いがある、と感慨ぶかそうに語っていた。

『著作集』の編集を終えて、続いて「石川三四郎伝」を書こう、と藤田氏と約していたが、ちょうどその頃からわたしの勤め先が沈没し始め、暫く社務に専念せざるをえない状態に追い込まれ、一頓座した。

昭和六十一年春、石川の生前からの数少ないフアンであり、なにかにつけて石川を応援されて来た鶴見俊輔氏から、鶴見氏らが企画されたこのシリーズの一冊として、「石川三四郎」を書くように誘われた。

勤め先の再建の目途がつくまでは、「滅私奉公」の覚悟をきめていたわたしだが、ほかならぬ鶴見氏からの要請であり、異色の人材を揃えたこのシリーズなら石川も連れが多くて楽しいだろうし、いくらなんでも、数年後には勤め先の問題も決着がつくだろう、と考えて、末席に加えさせていただくことにした。

ところが、不幸にしてというべきか、幸いにしてというべきか、昨秋、わたしは柄に合わない「滅私奉公」の宮仕えを御免となり、「時間の自由」を満喫し得る身分となった。

念願の石川伝が、予想外に早く書き上げられたのは、こうした事情による。

わたしはこの本を書きながら、改めて『石川三四郎著作集』の編集の仕事の蓄積を感じた。もしこの仕事をする機縁が与えられなかったら、この本は容易に書き上げられなかっただろう。

場違いかもしれないが、この機会に改めて、清水氏と藤田氏に感謝の意を表しておきたい。それとともに、読者諸賢には、ぜひ『著作集』を需めて、石川の魂にじかに触れるよう懇願する。わたしの紙碑はそれへの誘導灯である。

また、大島英三郎氏が私財を投じて経営されている黒色戦線社からは、『石川三四郎選集』

全七巻が刊行されている。この『選集』には、『西洋社会運動史』『東洋文化史百講』『地人論』など、『著作集』に収録されていない石川の大著が復刻で収められている。『著作集』と『選集』とで、石川の著作はほとんど網羅されることとなる。

I章で述べたように、わたしは今度いささか違った趣向の石川伝を試みた。書き上げてみて、果してのちのちの世まで読まれるような本に仕上ったかどうか、読者諸賢の批判を仰ぎたい。

最後になったが、このシリーズを担当して、東奔西走、敢闘中のリブロポート編集部早山隆邦氏にも謝意を表させてほしい。

昭和六十二年八月

大原緑峯
（実ハ大沢正道）

新版あとがき

長い間眠っていた本書が虹霓社主人古屋淳二さんのおかげでむっくり起き上がり、世に出ることとなった。まことに有難いかぎりである。

本書は三十三年前、鶴見俊輔らが編集された「シリーズ　民間日本学者」の一冊としてリブロポートから出版された。このシリーズは「小泉八雲」「辻まこと・父親辻潤」「花田清輝」「金子ふみ子」等々無慮六十余人をずらりと並べた大企画だったが、版元の息が続かず、四十冊近く出して終わってしまった。

版元のリブロポートは西武グループの堤清二が面倒をみていたといわれていた。「売れない本を選んで出せ」と堤は豪語していたそうだが、本書もその一冊だったのだろう。しかし「売れない本」でも作るのは大変だ。本書を作ってくれたリブロポートの編集者・早山隆邦さんは東奔西走、実によく働いていた。特に「年譜」や「索引」は彼なしにはできなかった。わたしも編集者の端くれだったが、早山さんのようには働かなかった。「あなたが面倒を見て下さった本がまた世に出ましたよ」って早山さんに知らせてあげたい。

　古屋さんによれば、今年は石川三四郎が日本に帰国してちょうど百年だそうだ。帰国した石川はしばらくして東京郊外の北多摩郡千歳村（当時）に土地を借り、そこで念願の「土民生活」を始める。石川には自己流に言葉を使う性癖がある。「土民生活」もその一つだ。石川によると「土民生活」とは「真の意味のデモクラシー」である。「デモス」とは「土着の民」すなわち「土民」、そして「クラシー」を「生活」と訳し「……歴史上に於ける「土民」の名称は叛逆者に与へられたものだ。殊にそれは外来権力者、または不在支配者に対する土着の被治搾取民衆を指示する名称だ。「土民」とは野蛮、蒙昧、不従順な賤民をさへ意味する。温情主義によつて愛撫されない民衆だ。その上、土着の人間、土の主人公たる民衆だ。懐柔的教化に服さず、征服者に最後迄反抗する民だ」と石川は述べている。

　石川自身の「土民生活」は必ずしも思うようにはいかなかったようだが、石川が「土民生活」を提唱した昭和年代以上に令和の現代はとりわけ「反土民生活」が蔓延し、「タワーマンション族」がわが世を寿いでいる。このままいったら地球温暖化で自滅するという警告も、彼らにとっては聞く耳がないらしい。だからこそいまや「土民生活」の石川は見直されなければならないのではないか。

　石川の生涯については北沢文武の大著『石川三四郎の生涯』全三部（鳩の森書房）がある。また山口晃編「石川三四郎研究・季刊個人誌」も逸することができない。北沢も山口も石川の生地埼玉県本庄市の出身、彼らが中心になって石川の没後、本庄市立図書館の二階に「石川三四郎資料室」を設立し、石川の蔵書や資料を収め、市内に石川の石碑を建てている。石川は若くして郷里の本庄を追われ、生涯、郷里には迎えられなかった。その郷里本庄でこのように評価されるとはやはり石川の人徳かもしれない。

令和二年一月十五日

大澤正道

石川三四郎・年譜

一八七六（明治九）年
五月二三日、埼玉県児玉郡山王堂村（現本庄市山王堂）に、五十嵐九十郎、シゲの三男として生まれる。

一八八〇（明治十三）年　四歳
六月、徴兵を免れる目的で同村の石川半三郎・ヨネと養子縁組（実際は五十嵐家で成長する）。

一八八二（明治十五）年　六歳
四月、本庄町高等小学校尋常科に入学。

一八九〇（明治二十三）年　十四歳
三月、本庄町高等小学校高等科を卒業。九月、上京し同郷の先輩茂木虎次郎（のちの佐藤虎次郎）、橋本義三（のちの粕谷義三）の書生となる。石川の書生生活の始まり。

一八九三（明治二十六）年　十七歳
六月、一度は離れていた自由党員・福田友作の書生に再びなり、友作と同棲中の影山英子（のちの福田英子）に出会う。

一八九五（明治二十八）年　十九歳
福田友作一家が離散。やむなく郷里に引揚げ。

一八九六（明治二十九）年　二十歳
四月、群馬県室田高等小学校代用教員となる。

一八九七（明治三十）年　二十一歳
春、中学教員検定試験に失敗。九月、上京して再び福田家の居候となる。

一八九八（明治三十一）年　二十二歳
九月、東京法学院に入学、勉学に打ち込む。

一八九九（明治三十二）年　二十三歳
親戚筋の事業家・石川家の長女と婚約、養子となるが、たびたび訪れた福田家で娘某と昵懇となる。情哀史の始まり。

一九〇〇（明治三十三）年　二十四歳
五月、幸子誕生。兄犬三が引取る。この不始末で石川家との養子縁組を解消。女性問題の悩みもあり、本郷協会で海老名弾正の説教を聞く。

一九〇一（明治三十四）年　二十五歳

七月、東京法学院を卒業。下宿先の次女・清水しげ（澄子）と恋愛。しげの希望で弁護士試験を受けるも不合格。司法試験も受験できず。

一九〇二（明治三十五）年　二十六歳

三月、本郷教会で海老名により受洗。試験地獄から這上り、秋、萬朝報社に入社、黒岩涙香の秘書となる。木下尚江を知る。

一九〇三（明治三十六）年　二十七歳

十一月、非戦論に共鳴して萬朝報社を辞し、平民社に入る。この頃より旭山と号す。

一九〇四（明治三十七）年　二十八歳

失恋の痛手から神経を病み、九月、箱根大平台林泉寺に内山愚堂を尋ねる。十月、静養のため一時帰郷する。

一九〇五（明治三十八）年　二十九歳

九月、平民社解散。十一月、木下にすすめられ、キリスト教社会主義の雑誌『新紀元』創刊。

一九〇六（明治三十九）年　三十歳

三月、初めて栃木県谷中村を訪れ、田中正造らに会い深く感激する。五月、精神的動揺に煩悶し、箱根林泉寺に籠り、回心を遂げる。十一月、『新紀元』を終刊。

一九〇七（明治四十）年　三十一歳

一月、日刊『平民新聞』が創刊され、発行兼編集人となる。三月、東京監獄に入獄、五月、巣鴨監獄に移される。左隣が山口孤剣、右隣が大杉栄。読書、思索、研究に打ち込む。

一九〇八（明治四十一）年　三十二歳

五月、出獄。九月、獄中の著述『虚無の霊光』発売禁止。十月、福田英子主宰『世界婦人』の発行兼編集人となる。十一月、福田とともに中国革命派機関紙『民報』の裁判支援に尽力。

一九一〇（明治四十三）年　三十四歳

三月、『世界婦人』の度重なる違反事件でふたたび東京監獄に入獄。四月、千葉監獄に移され、堺、大杉、山川均らと会う。七月、出獄。まもなく大逆事件の容疑者として警視庁に連行、翌日釈放。生活が困窮を極める。

一九一一（明治四十四）年　三十五歳

一月、堺、大杉ら同志と幸徳秋水、管野スガら大逆事件刑死者の遺体引き取りに尽力。

一九一二（明治四十五＝大正元）年　三十六歳

二月、『哲人カアペンター』を刊行。

一九一三（大正二）年　三十七歳

一月、『西洋社会運動史』発売禁止。三月一日、日本を脱出する。四月、ブリュッセルに到着。十一月、ミルソープにカーペンターを訪問する。

一九一四（大正三）年　三十八歳

四月、ロンドンで生活の途が立たず帰国を決意するもポール・ルクリュに助けられ、ブリュッセルに戻り、ルクリュ家の世話になる。八月、第一次世界大戦が勃発、ドイツ軍がブリュッセルを占領。脱出できず、同地にとど

第一次世界大戦開始直後、ブリュッセル市のルクリュ家にて。ポールとマルガリータの夫妻と石川三四郎（『不盡想望』書物展望社刊より）

まる。

一九一五（大正四）年　三十九歳

一月、ブリュッセルを脱出。ルクリュ夫妻の世話でパリ郊外に落ち着く。

一九一六（大正五）年　四十歳

六月、ドムのルクリュ家で百姓生活に入る。

一九一九（大正八）年　四十三歳

一一月、ルクリュ夫人の病気療養でモロッコに滞在する。古事記研究に開眼。

一九二〇（大正九）年　四十四歳

六月、ドムに戻る。九月、帰国の途に就く。十一月、東京帝大で開かれた新人会主催の講演会で「土民生活」と題して演説。

一九二一（大正十）年　四十五歳

四月、『古事記神話の新研究』、六月、『カアペンタア及其の哲学』を刊行。十一月、再び渡欧。

一九二二（大正十一）年　四十六歳

三月、『放浪八年記』、七月、『西洋社会運動史〈口語版〉』を刊行。十月、帰国する。

一九二三（大正十二）年　四十七歳

九月、関東大震災で滝野川署に保護検束、徳川義親の交渉で釈放。

一九二四（大正十三）年　四十八歳

四月、安部磯雄、山崎今朝弥らと日本フェビアン協会を結成する。

一九二五（大正十四）年　四十九歳

九月、『非進化論と人生』を刊行。一二月、農民自治会の創立に参画する。『労働組合の話』を刊行。

一九二六（大正十五＝昭和元）年　五十歳

この頃より、サンジカリズム系労働団体の研究会、講演会にしばしば参加する。

一九二七（昭和二）年　五十一歳

二月、『土民生活に就て』刊行。四月、『西洋社会運動史〈復興版〉』を刊行。五月、東京府北多摩郡千歳村で半農生活を始め、共学社を発足。九月より共学パンフレットの刊行を開始。

一九二八（昭和三）年　五十二歳

コント、クロポトキンなどの翻訳に専念。

一九二九（昭和四）年　五十三歳

八月、『一自由人の放浪記』を刊行。十一月、望月百合子と月刊『ディナミック』を創刊する。

一九三〇（昭和五）年　五十四歳

六月、エリゼ・ルクリュ『地人論』第一巻を訳出、刊行する。

一九三二（昭和七）年　五十六歳

この年、『ディナミック』は三度、発売禁止。

一九三三（昭和八）年　五十七歳

一月、『近世土民哲学』、五月、『歴史哲学序論』を刊行。十月、三度目の渡欧を志し出港、ジャック・ルクリュが待つ北京に。中国文化の偉大さに感動する。

一九三四（昭和九）年　五十八歳

一月、渡欧の計画を中止し帰国。以後、東洋史研究に専念する。十月、財政難のため『ディナミック』を休刊する。

一九三五（昭和十）年　五十九歳

Le Centenaire d'Elisée Reclus

LA DYNAMIQUE

ディナミック

Organe mensuel de Culture anarchiste

Rédaction: KIOGAKUSHA, Chitosemura, Tokio.

三月號

百年祭

エリゼ・ルクリュを想ふ

月刊『ディナミック』エリゼ・ルクリュ追悼号［1930（昭和5）年3月1日発行］

東洋史研究に専念。十二月、『不盡想望』を刊行。

一九三九（昭和十四）年　六十三歳

十月、『東洋文化史百講　上』を刊行。

一九四一（昭和十六）年　六十五歳

九月、『時の自画像』を刊行、発売禁止。十二月、『古事記神話の新研究』（第十二版）が組版完了直前に出版中止。

一九四二（昭和十七）年　六十六歳

七月、『東洋文化史百講』第二巻を刊行。

一九四四（昭和十九）年　六十八歳

五月、『東洋文化史百講』第三巻を刊行。

一九四五（昭和二十）年　六十九歳

三月、山梨県西八代郡上野村へ疎開、午前は研究、午後は畑仕事の生活。八月十五日、敗戦の詔勅に感激し、直ちに帰京する。「無政府主義宣言」を起草。

一九四六（昭和二十一）年　七〇歳

五月、日本アナキスト連盟の結成に参加し、顧問となる。以後、全国での講演、座談、学習、

1955（昭和 30）年、自宅にて。
西山勇太郎氏写す。

執筆に努める。八月、『社会美学としての無政府主義』を刊行。

一九四八（昭和二十三）年　七十二歳

九月、『エリゼ・ルクリュ―思想と生涯』、十一月、『近世東洋文化史』を刊行。

一九四九（昭和二十四）年　七十三歳

二月、エドワード・カーペンター『文明、その原因および救治』を訳出、刊行する。

一九五〇（昭和二十五）年　七十四歳

八月、『西洋社会運動史〈改訂増補版〉』を刊行。

一九五一（昭和二十六）年　七十五歳

一月、松尾邦之助宅に、新居格、村松正俊、小牧近江、大沢正道と集まり、「何となく集る会」あるいは「人間の会」をつくる。十月、近代学校を開講するも、すぐに休講をよぎなくされる。

一九五二（昭和二十七）年　七十六歳

八月、脳軟化症で右半身不随、闘病生活に入る。

一九五三（昭和二十八）年　七十七歳

三月頃より『自叙伝』の口述を始める。

一九五六（昭和三十一）年　八十歳

七月、『自叙伝』「上」を、九月、「下」を刊行。十一月二八日、多くの同志、友人、親族に見守られながら死去。十二月七日、「石川三四郎を偲ぶ会」が開かれる。

一九七四（昭和四十九）年

北沢文武『石川三四郎の生涯と思想』全三巻（～一九七六年）刊行。

一九七六（昭和五十一）年

十月より『石川三四郎選集』全七巻（復刻版）刊行開始（～一九八四年完結）。十一月、鶴見俊輔編『石川三四郎集』（『近代日本思想大系』第十六巻）刊行。

一九七七（昭和五十二）年

十月より『石川三四郎著作集』全八巻、刊行開始（～一九七九年完結）。十二月、郷里の埼玉県本庄市に地元有志による顕彰碑が完成。

一九八二（昭和五十七）年

一月、本庄市立図書館内に「石川三四郎資料室」がオープン。

一九八七（昭和六十二）年

大原緑峯（大沢正道）『石川三四郎―魂の導師―』刊行。

二〇〇〇（平成十二）年

三月、『石川三四郎資料目録』（本庄市立図書館編）刊行。

二〇〇五（平成十七）年

七月、「初期研フォーラム２００５　自由と共生の社会をめざして―石川三四郎歿後50年」が開催。大澤正道「石川三四郎のなかの三つの問題」の講演など。十一月、『初期社会主義研究　第18号　特集石川三四郎』（初期社会主義研究会）刊行。

二〇一三（平成二十五）年

七月、『地人論』（一九三〇年刊）と『エリゼ・ルクリュ―思想と生涯』（一九四八年刊）を底本とした『アナキスト地人論――エリゼ・ルクリュの思想と生涯』（書肆心水）刊行。

二〇一四（平成二十六）年

七月、埼玉県立歴史と民族の博物館で「埼玉の人物　石川三四郎」展が開催。

底本所収の年譜を元に、大澤正道「石川三四郎年譜（第二版）」（『初期社会主義研究　第18号』掲載）の情報や新版編者の独自調査分を追加して、画像を付して再編集したものです。

＊画像は全て『アナキズムカレンダー２０１７―石川三四郎とルクリュ』（アナキズム文献センター、２０１６年）より引用いたしました。

〔解説〕

大澤正道『石川三四郎　魂の導師』について

森元斎

「わたしは、わたしなりに、一巻の紙碑を建てたい。それは、石川がわたしたちに与えた「光と薫」を、まだ石川を知らぬ人たちに伝え、さらにはのちのちの世の人たちもまた享受しうるものとなるだろう」（本書三十一頁）。

リブロポートから当初出版されたこの本は、「シリーズ　民間日本学者」の一巻としてものされた。哲学者・鶴見俊輔らの企画だったのであるが、鶴見にとって、なぜ石川が書かれるべきであったのだろうか。

鶴見は石川に幾度か触れている。『近代日本思想大系』第十六巻に収録された「石川三四郎集」の解説で鶴見はこう述べている。「青年から老年に至るまで、石川三四郎は、少数者の一人として生きた。少数者として生きることに不安を感じ、その道を行くことをあきらめる人が多い中で、明治・大正・昭和の三代にわたって、少数者として生きたところに彼の思想の特色がある。彼は自分の考えがひろまることを望みはしたけれども、少数者として活動することに失望して自分の立場をすてるということはなかった」(「石川三四郎」『鶴見俊輔集9』ちくま書房、一九九一年、二七頁)。戦後、転向について研究を行った鶴見からすれば、石川の軌跡は大変まれなものでもあった。大逆事件で坐すこともなく、全てにおいて奇跡的なタイミングで、戦後まで生き延びた石川は、少数者であり続けた。そこに石川が人生をかけて生きた思想を見出すことができる。むろん、石川の生の中に、いくつもの転回点はある。

本書でも描かれているように、幼年時代・青年時代・萬朝報時代・平民社時代・フランスを中心にしたヨーロッパ時代・共学社時代……それぞれの時代に石川に影響を与えるべき出来事が生じていた。戦争という蛮行もさることながら、そうした中にありながらも農作業を行うことは、石川にとって彼なりのアナキズムであった。その一方で中国文明の偉大さもまた彼が、ヨーロッパではなく、アジアでアナキズムを思考し、実践するということはいったいどういったことであったのかという問題系がかなり含み込まれていた。戦後すぐの転回点も見過ごすことはできない。一体なぜ天皇を据えたアナキズム社会を打ち立てようとしたのか。それはどういったことであったのか。私自身は天皇制は粉砕すべきものだと考えている。しかしながら、石川はアナキズムを標榜しながら、なぜ天皇を据えた社会を目論んだのか。もしかしたら最初期の『虚無の霊光』の中にそうした萌芽を見ることができるかもしれないし、中国文明からの影響で、そうした見地を見出しつつあったのかもしれない。この点については他日を期すほかないが、石川の思想や行動には、未だにくめども尽きぬ源泉が噴出している。

例えば、LA ZAD。フランスのノートル・デ・ランドでの空港建設反対運動は農作業と大変密接なものである。三里塚闘争とも共鳴しうるこの運動には、場所をとること、畑を耕すことが一緒になっている。空港建設予定地であったこの場所に、四十四とも言われる団体が空間を占拠し、畑を耕し、その生産物を無料で配分しあっている。権力と結びついたインフラストラクチャーの入る隙を拒否し、場所を占拠し続け、私たちの生に最も密接なものがなんであるかを、その場所と共に思考し、実践すること。そこでたどり着いたのが畑であった。「土民生活」は日本だけではなく、フランスにも、アメリカにも、アフリカにも、どこにでも存在する。もしかしたら北朝鮮にもあるかもしれない。石川という思考・実践の地下水脈を掘り当て、それをもう一度私たちの手にしてくれる本書は、「一巻の紙碑」として間違いなく眼前に光と薫を放ってくれている。

〈もり　もとなお〉
1983年東京生まれ。中央大学文学部卒業、大阪大学大学院人間科学研究科博士課程修了。博士（人間科学）。現在、長崎大学大学院学域人文社会科学域（多文化社会学系）／多文化社会学部准教授。専攻…哲学、思想史。

著書に『具体性の哲学』（以文社、２０１５年）、『アナキズム入門』（ちくま新書、２０１７年）、『国道3号線　抵抗の民衆史』（共和国、２０２０年）。共著に『ＶＯＬ　エピステモロジー』（以文社、２０１１年）、『被爆社会年報』（新評論、２０１３年）、『「はだしのゲン」を読む』（河出書房新社、２０１４年）、『半島論――文学とアートによる叛乱の地勢学』（響文社、２０１８年）など。共訳書に『ギリシア　デフォルト宣言』（河出書房新社、２０１５年）、グレアム・ハーマン『思弁的実在論入門』（人文書院、２０２０年）など。

石川三四郎について、「文明の終わりと、始まり――石川三四郎における進歩について」（『ＨＡＰＡＸ　6』夜光社、２０１６年）、「石川三四郎とルクリュ」（『アナキズムカレンダー２０１７――石川三四郎とルクリュ』アナキズム文献センター、２０１６年）、「ロシア革命からみた石川三四郎における「土民生活」について」（『初期社会主義研究　第27号』初期社会主義研究会、２０１７年）がある。